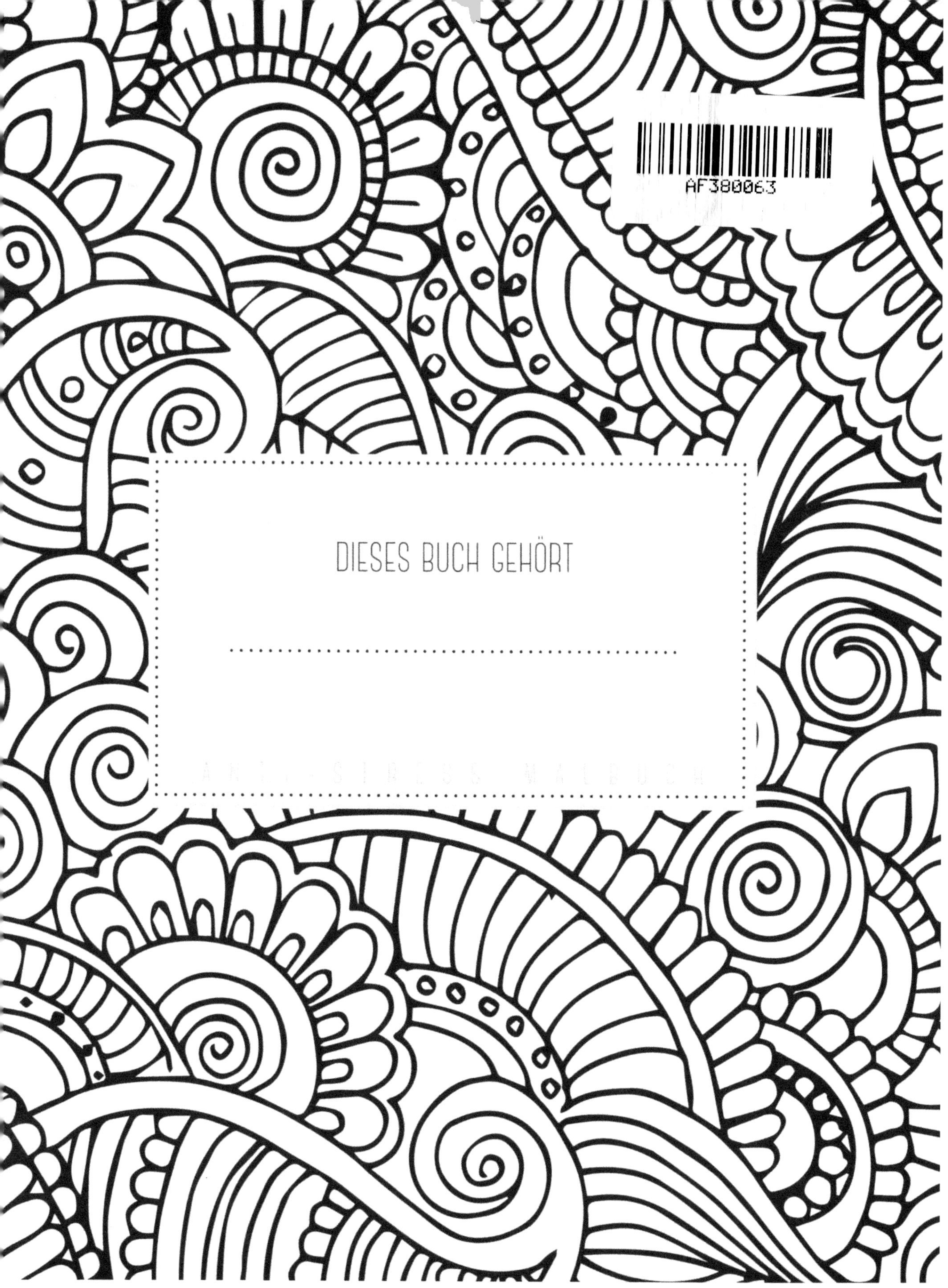

DIESES BUCH GEHÖRT
ANTI STRESS MALBUCH

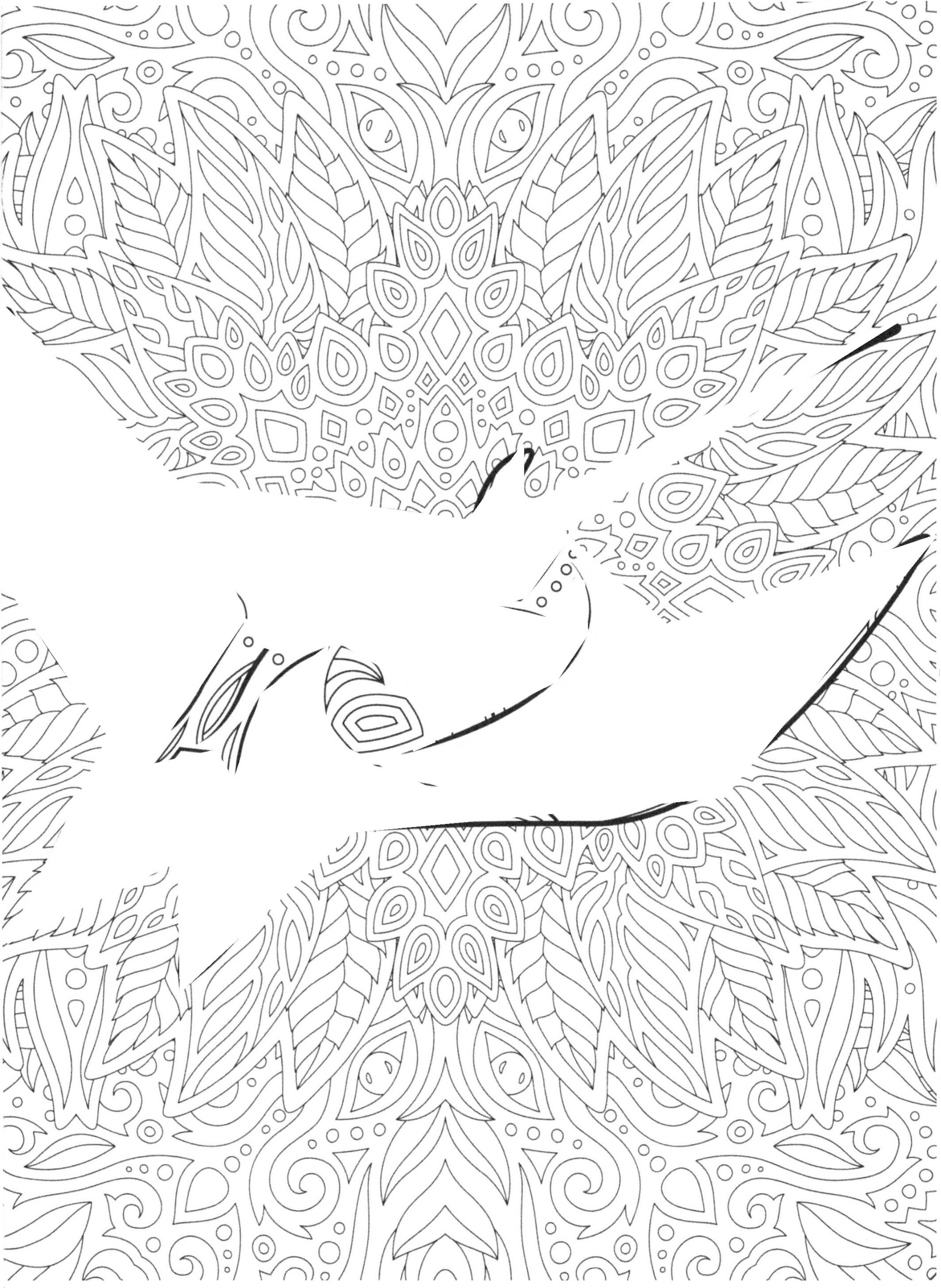

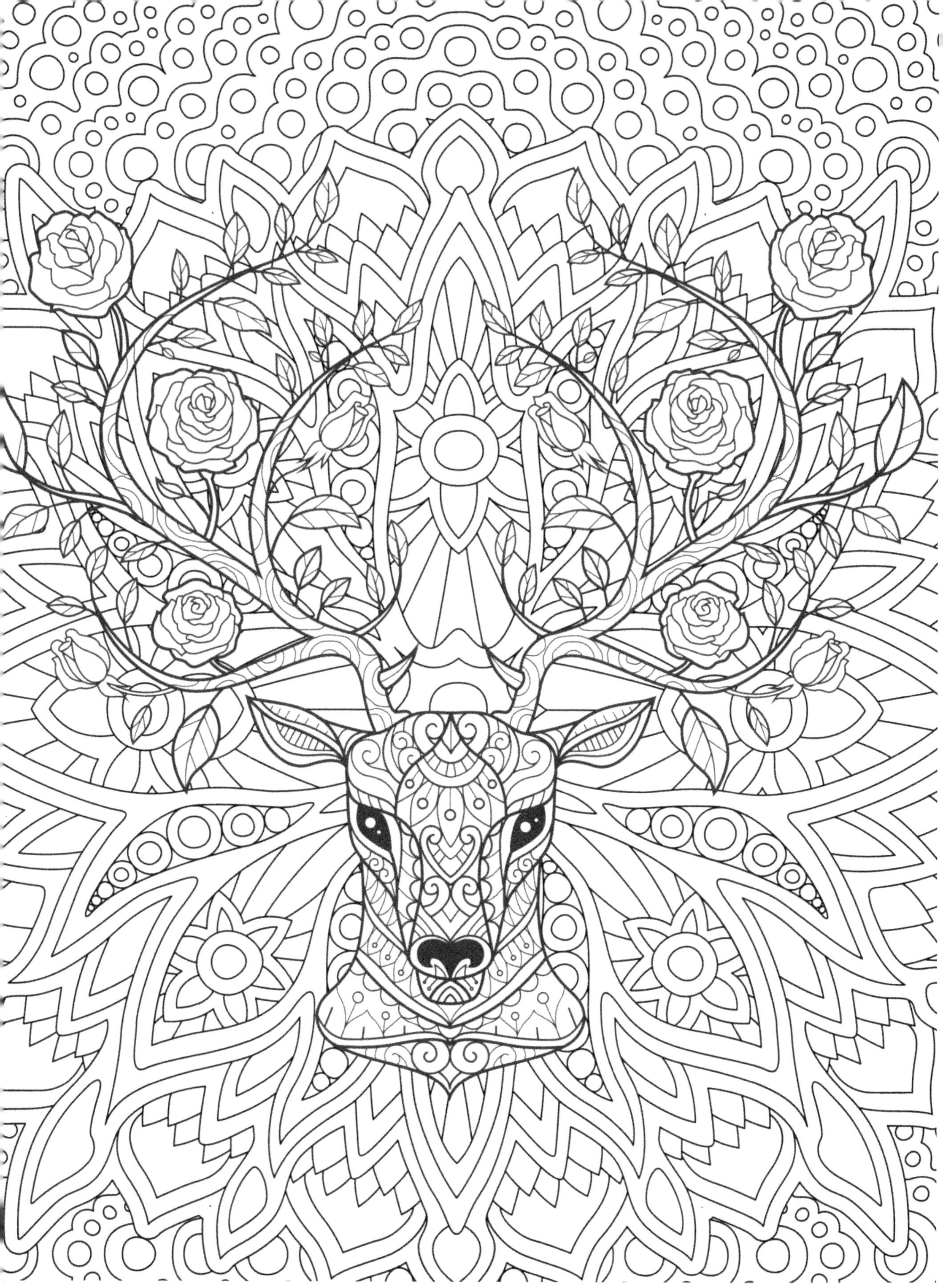

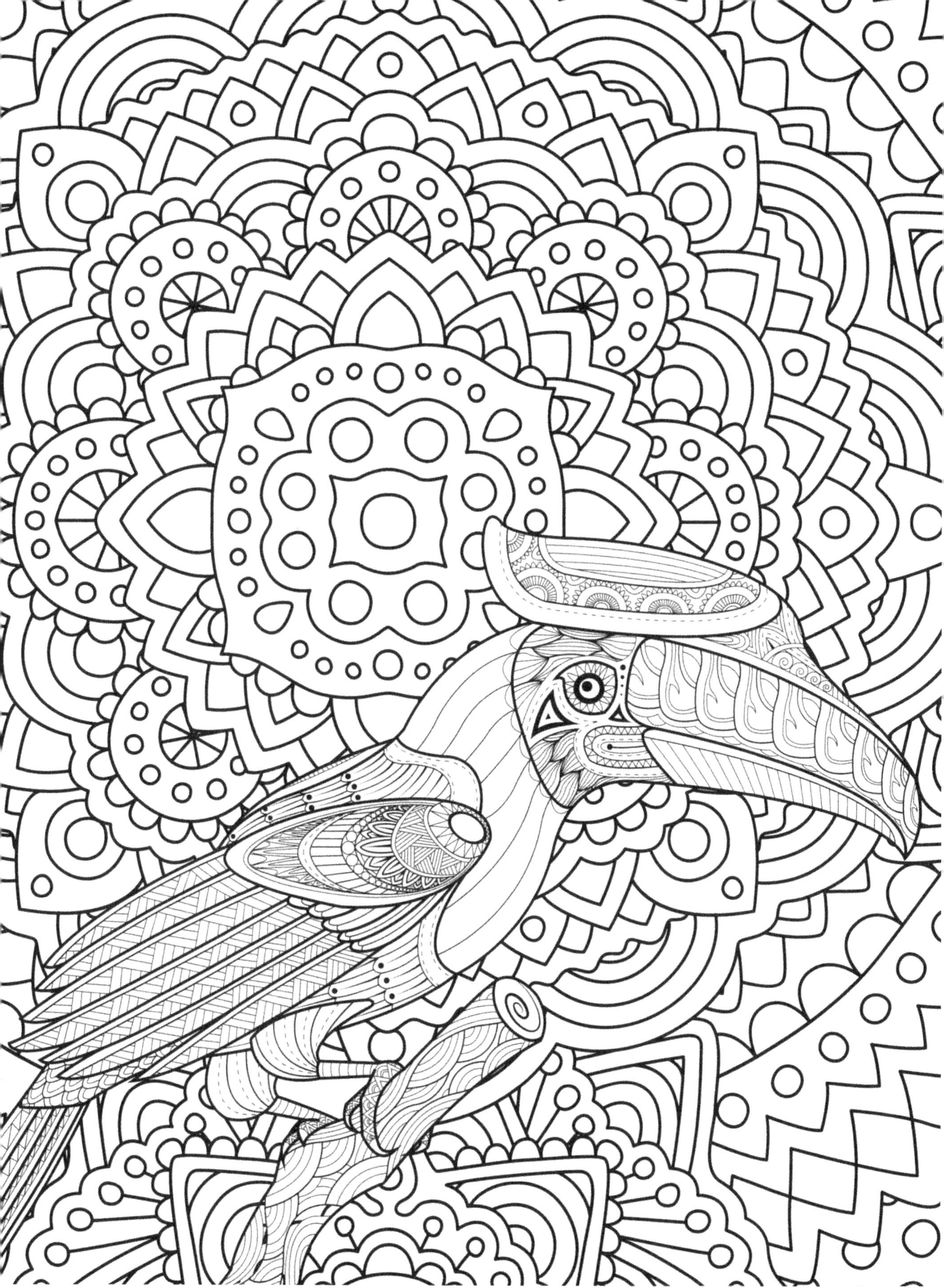

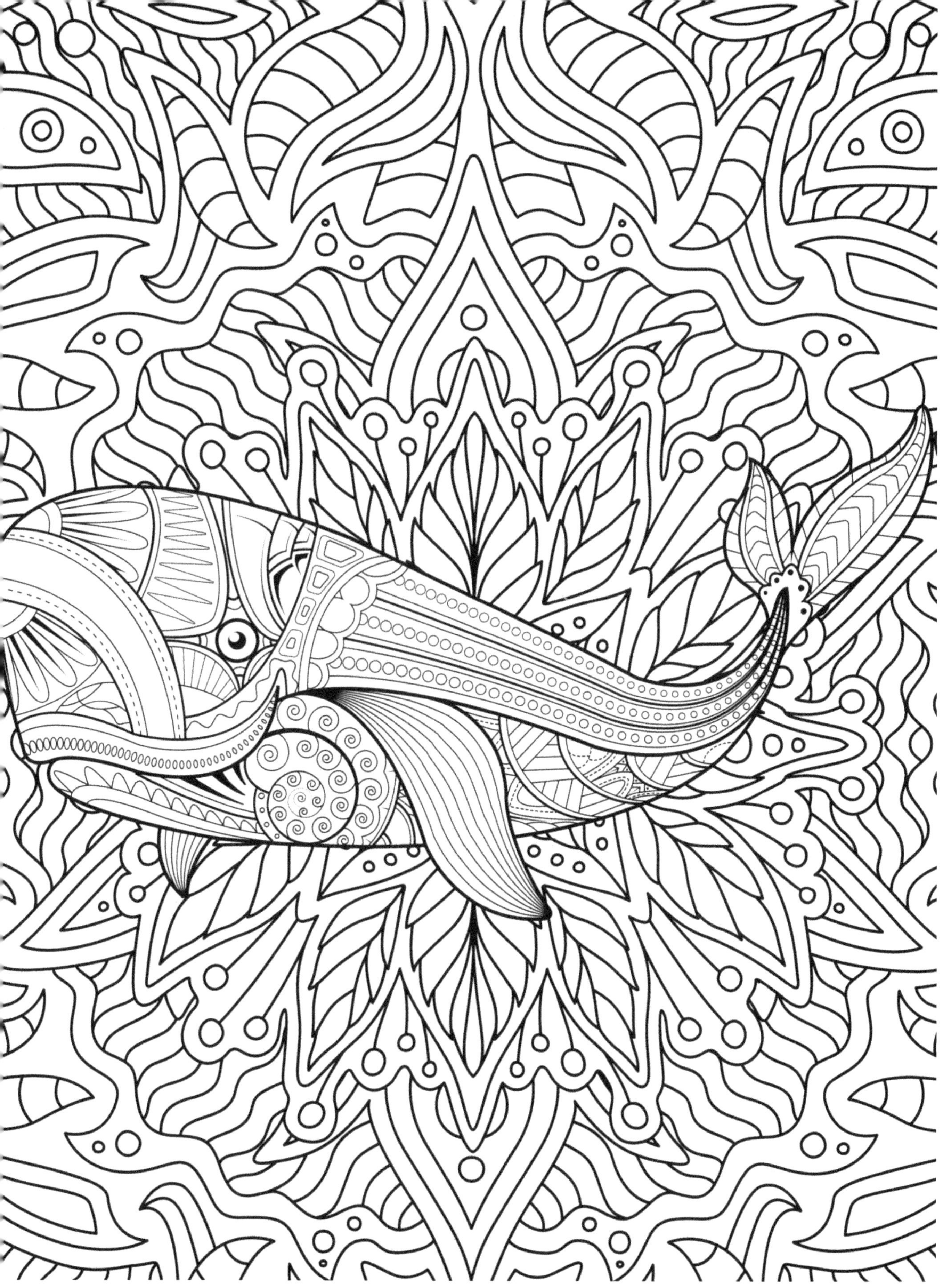

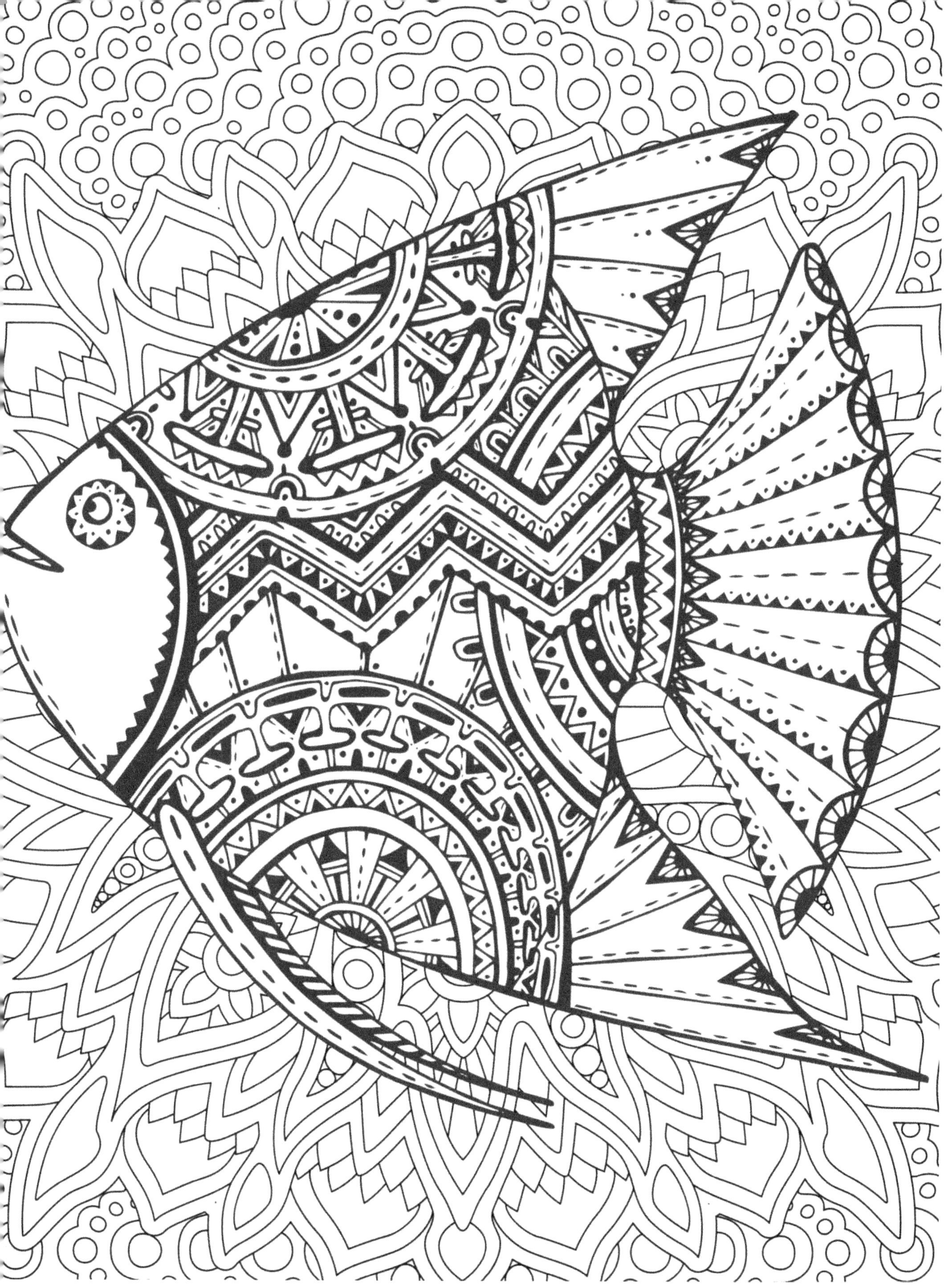

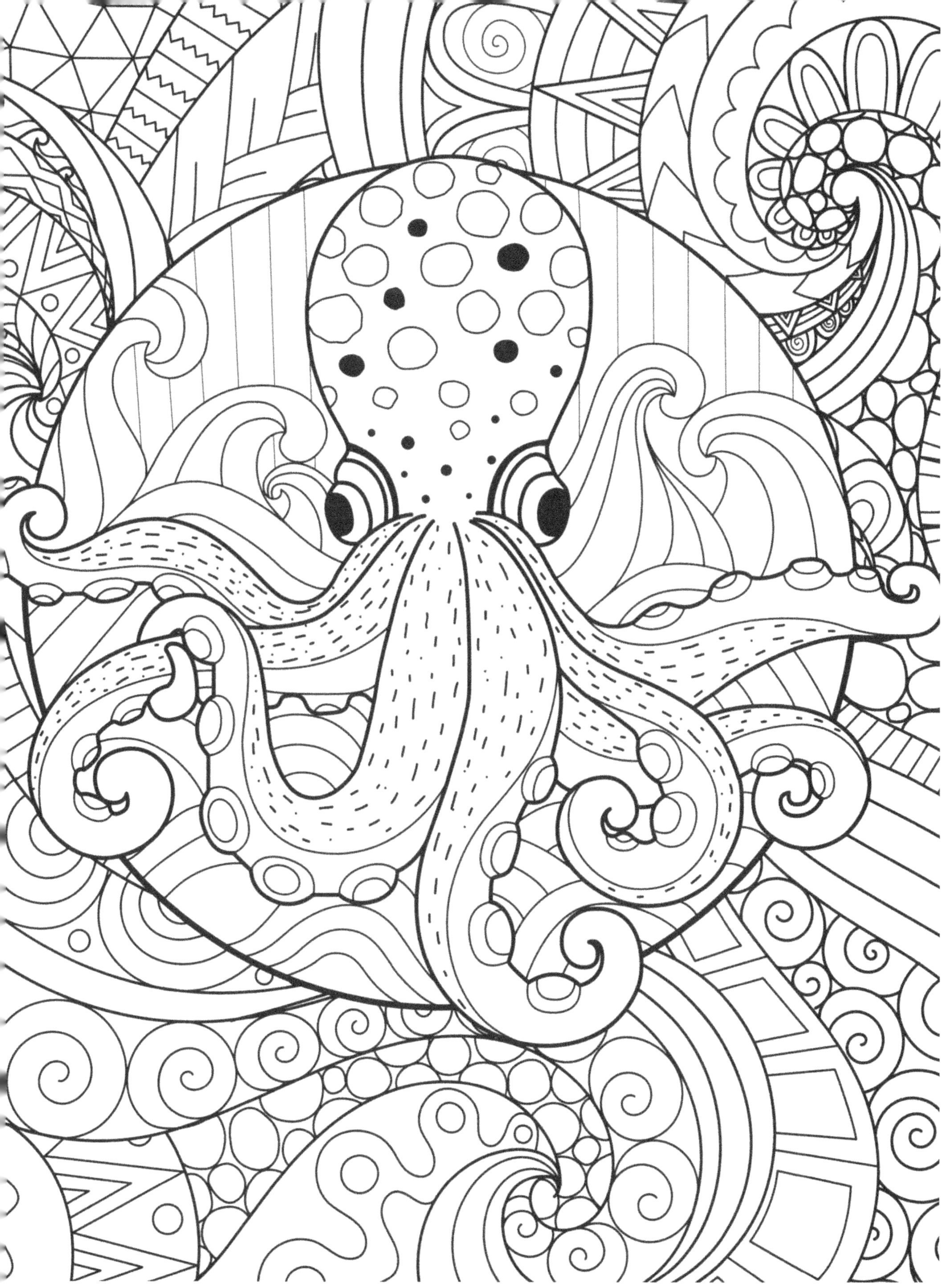

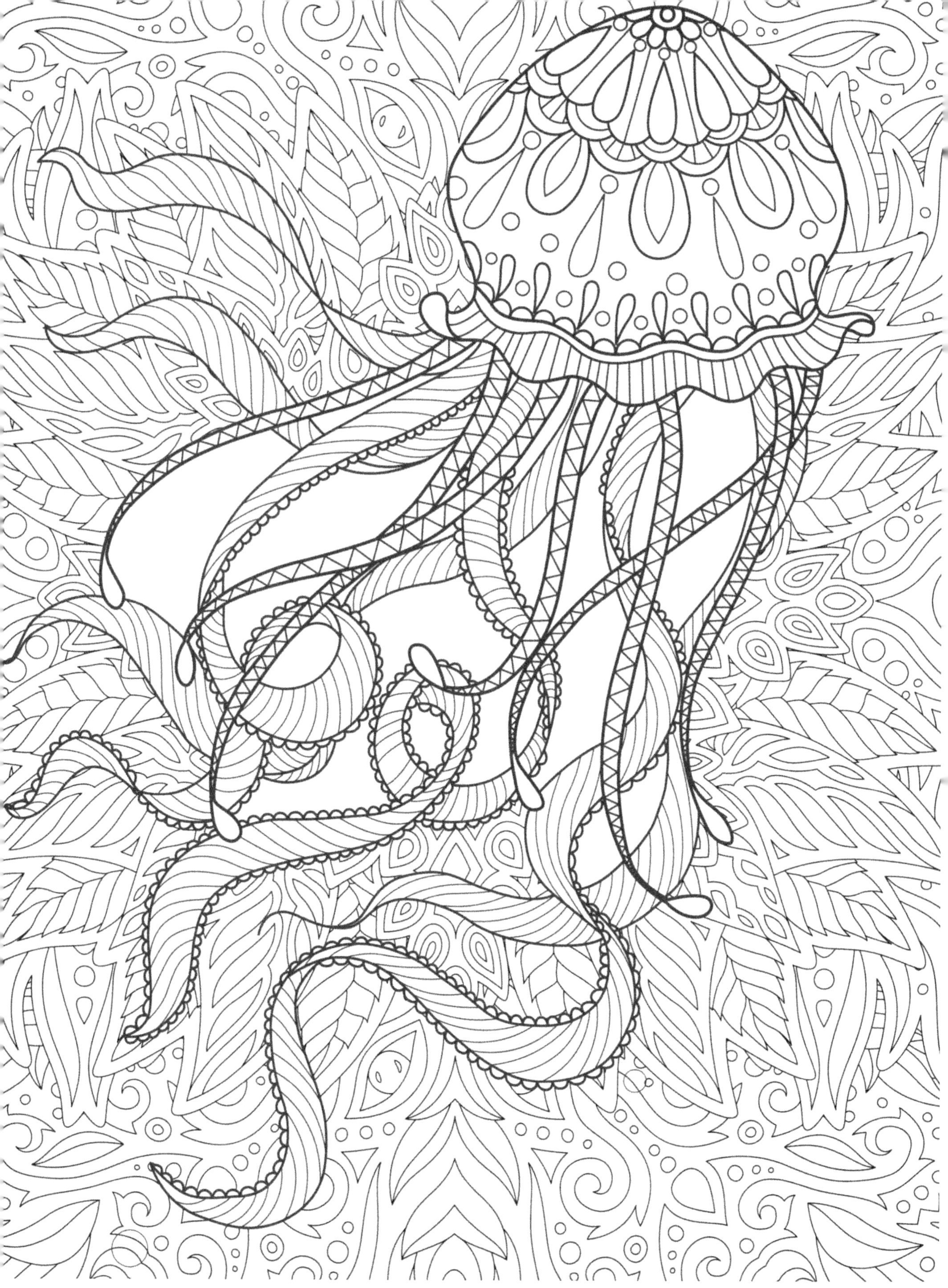

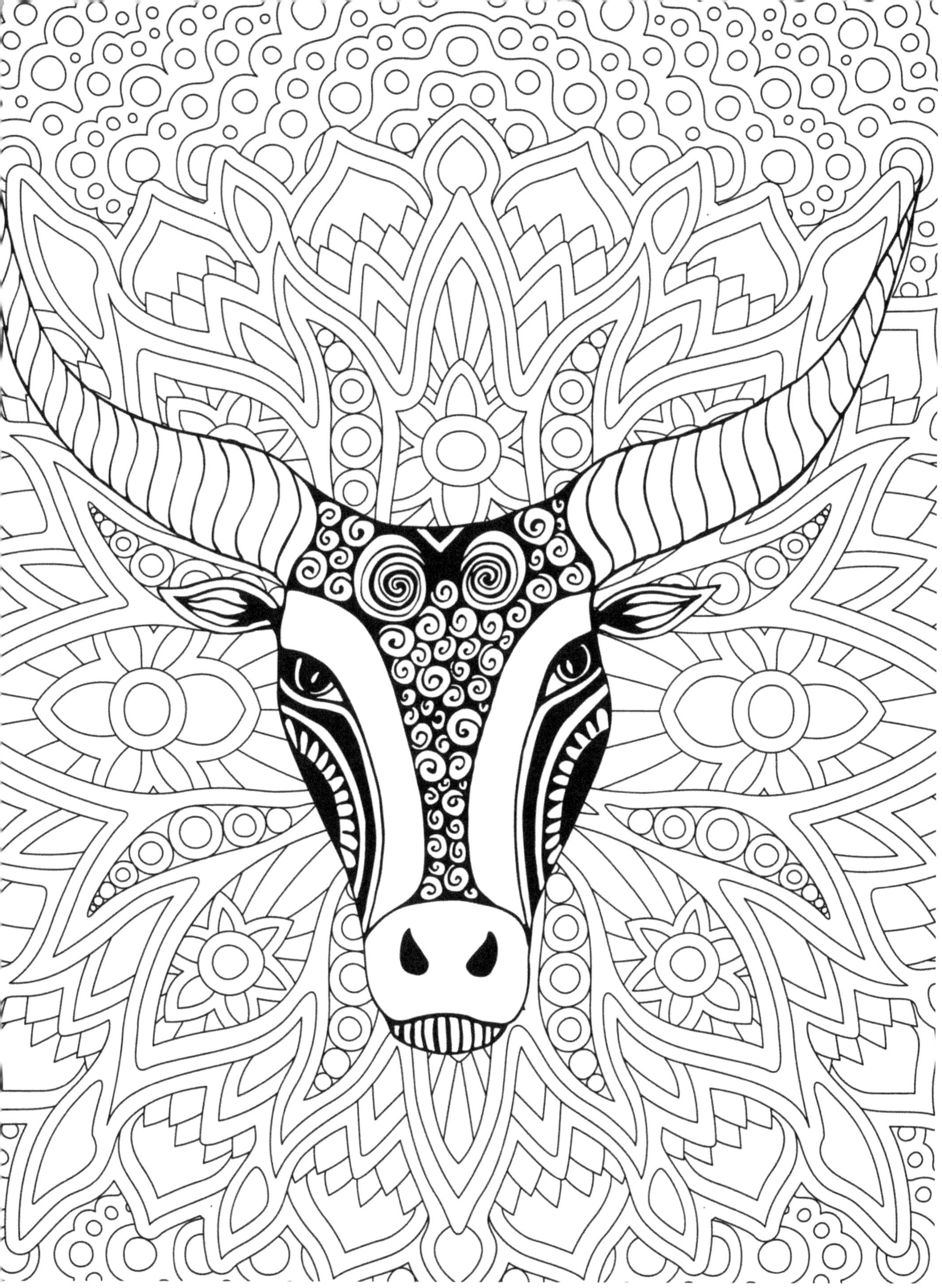

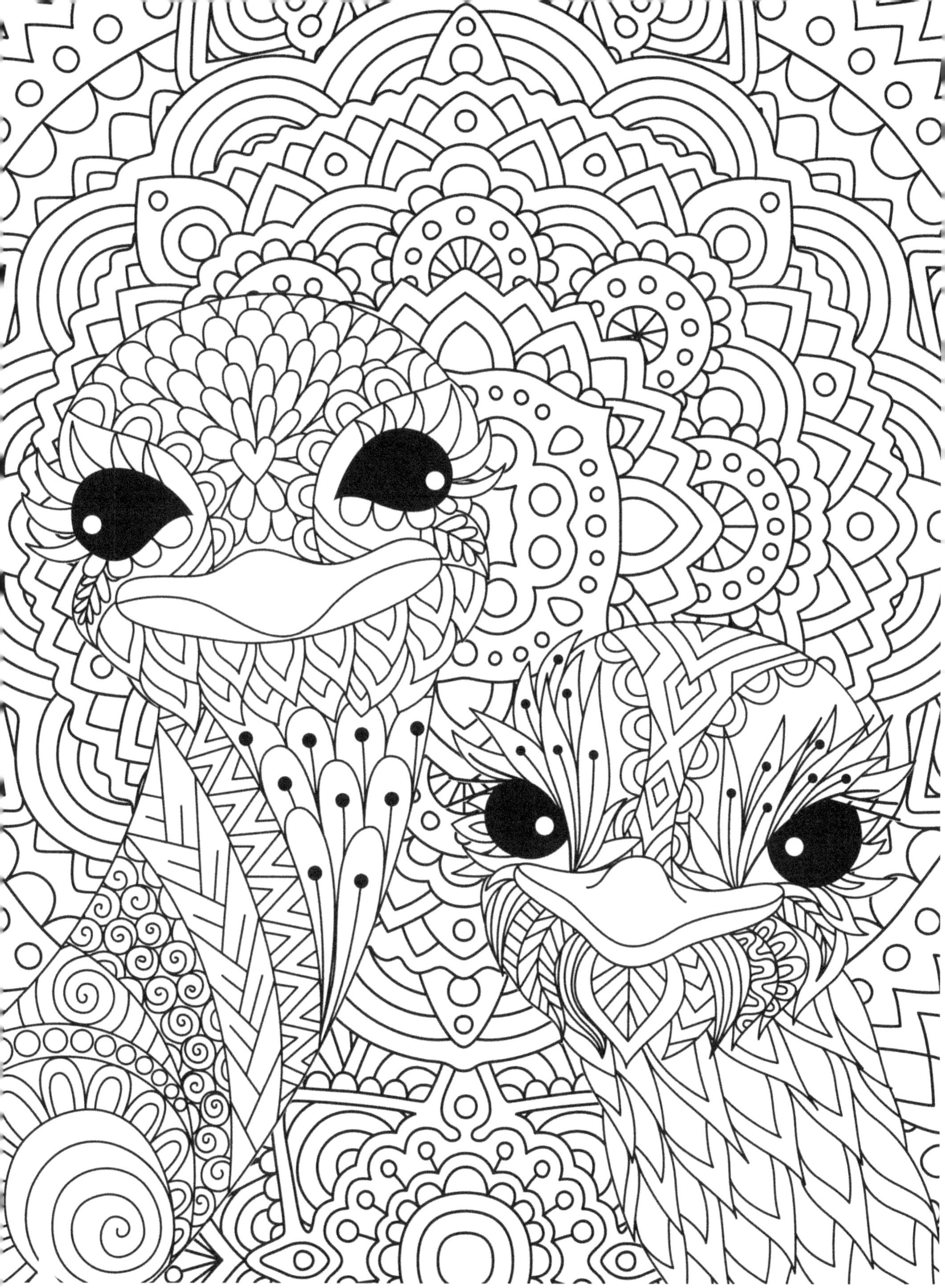

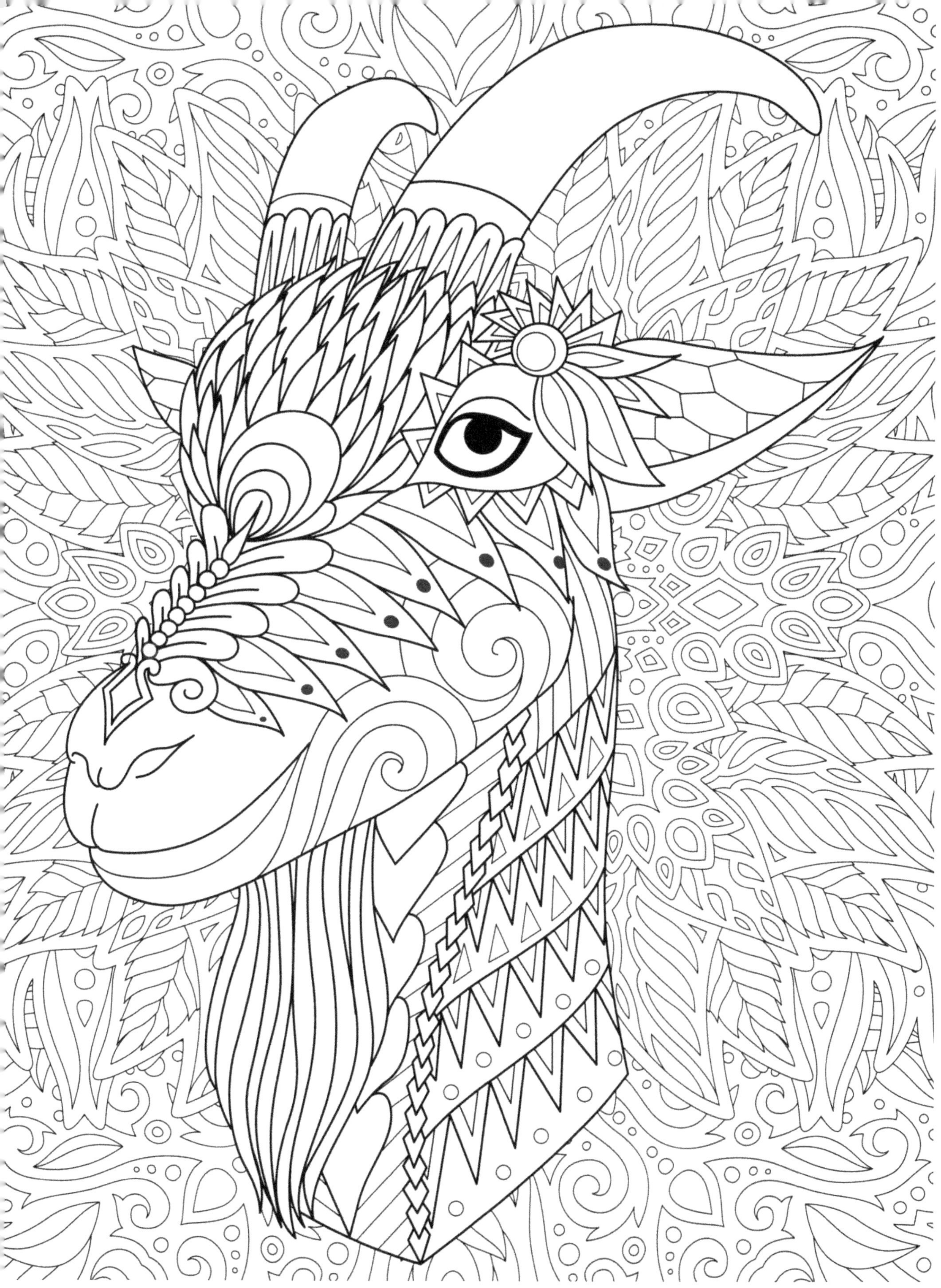

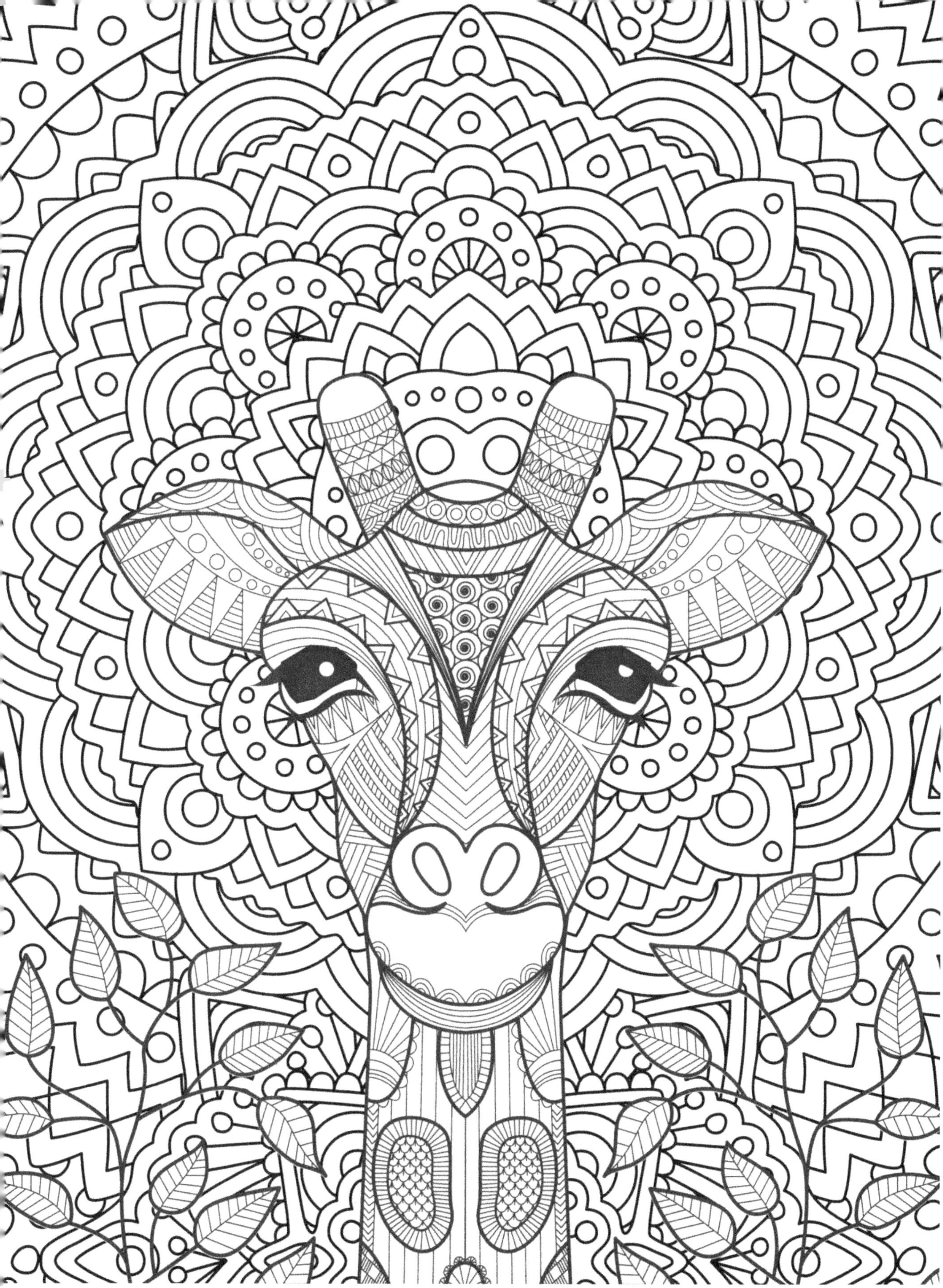

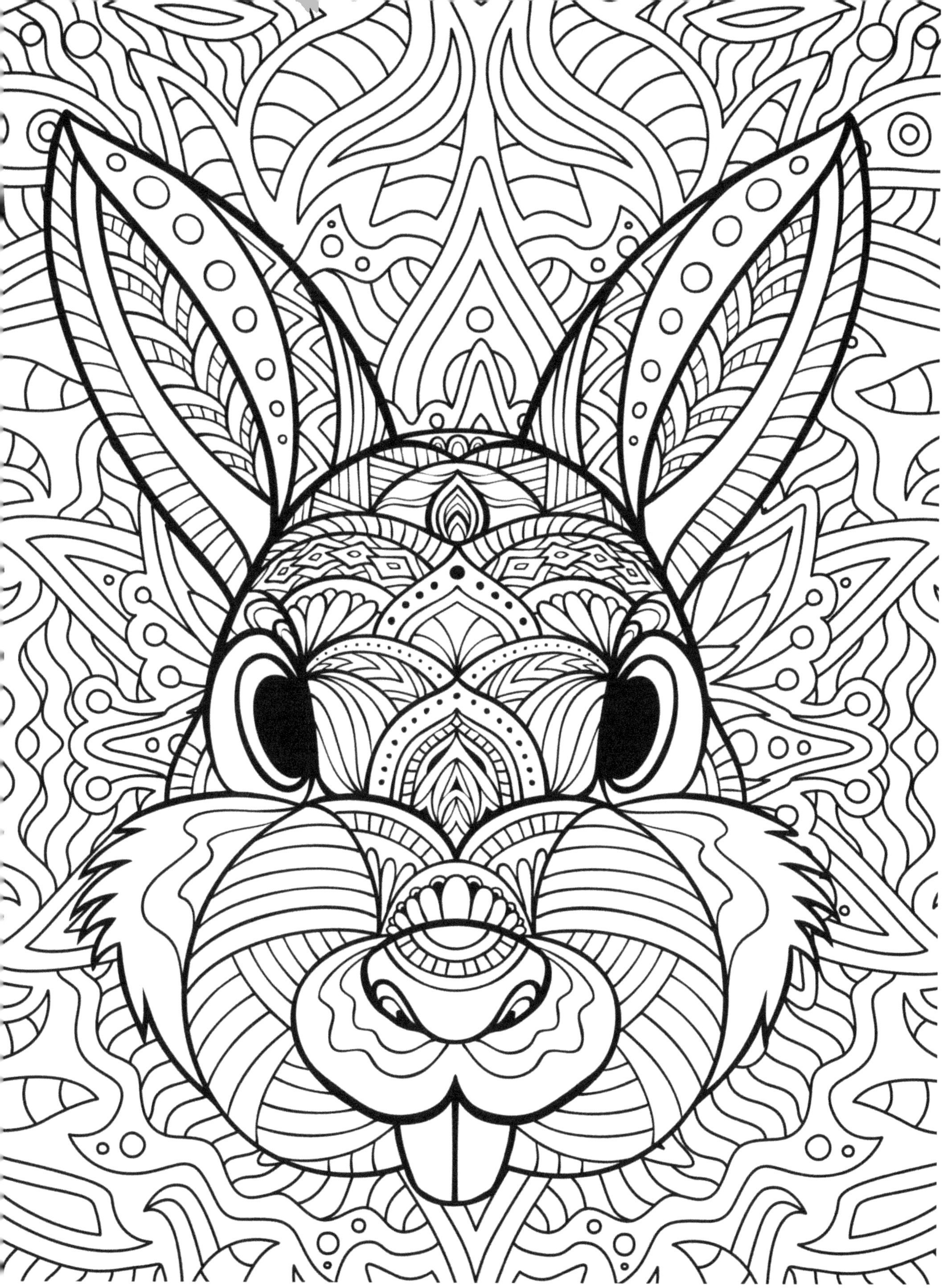

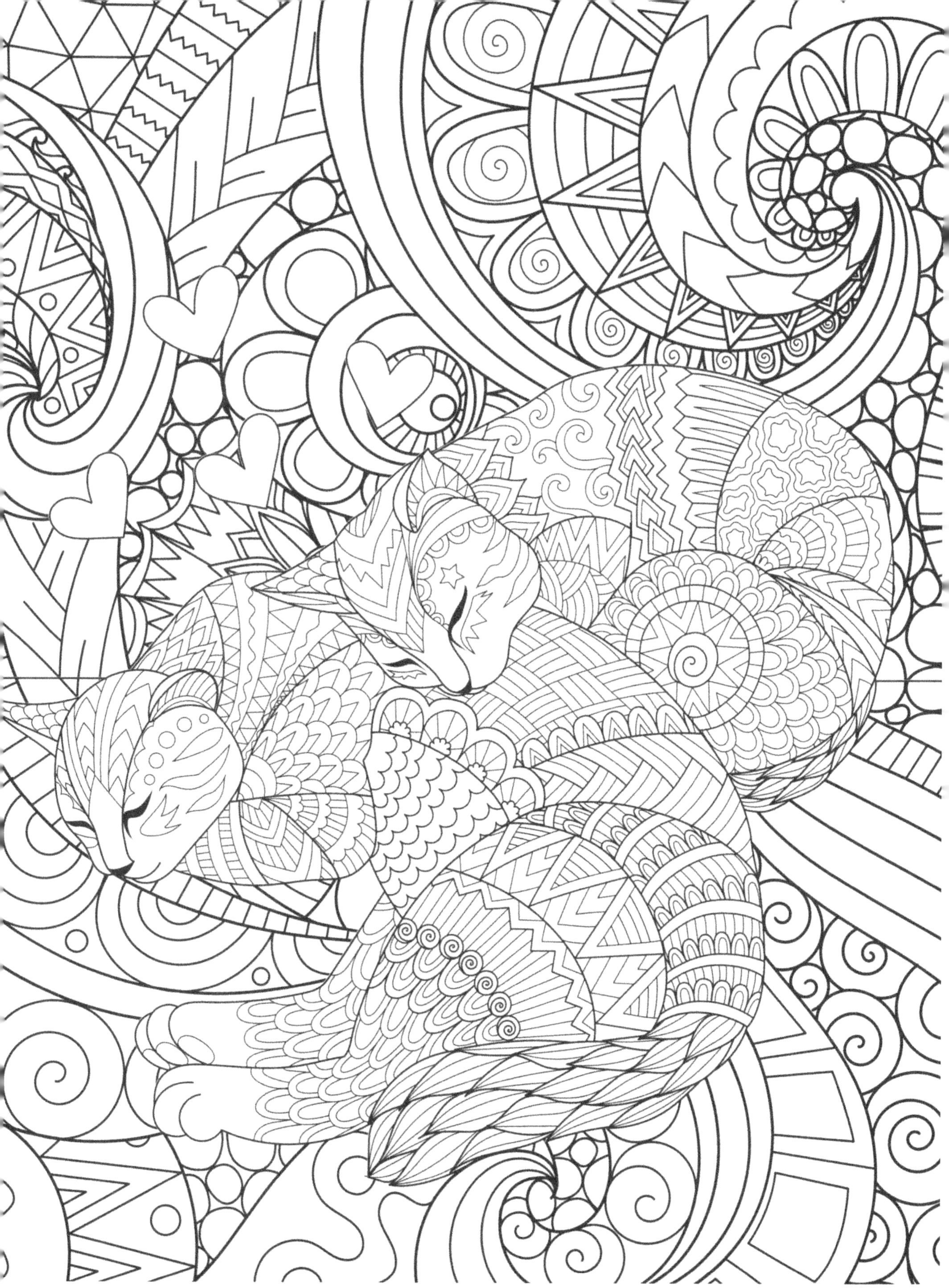

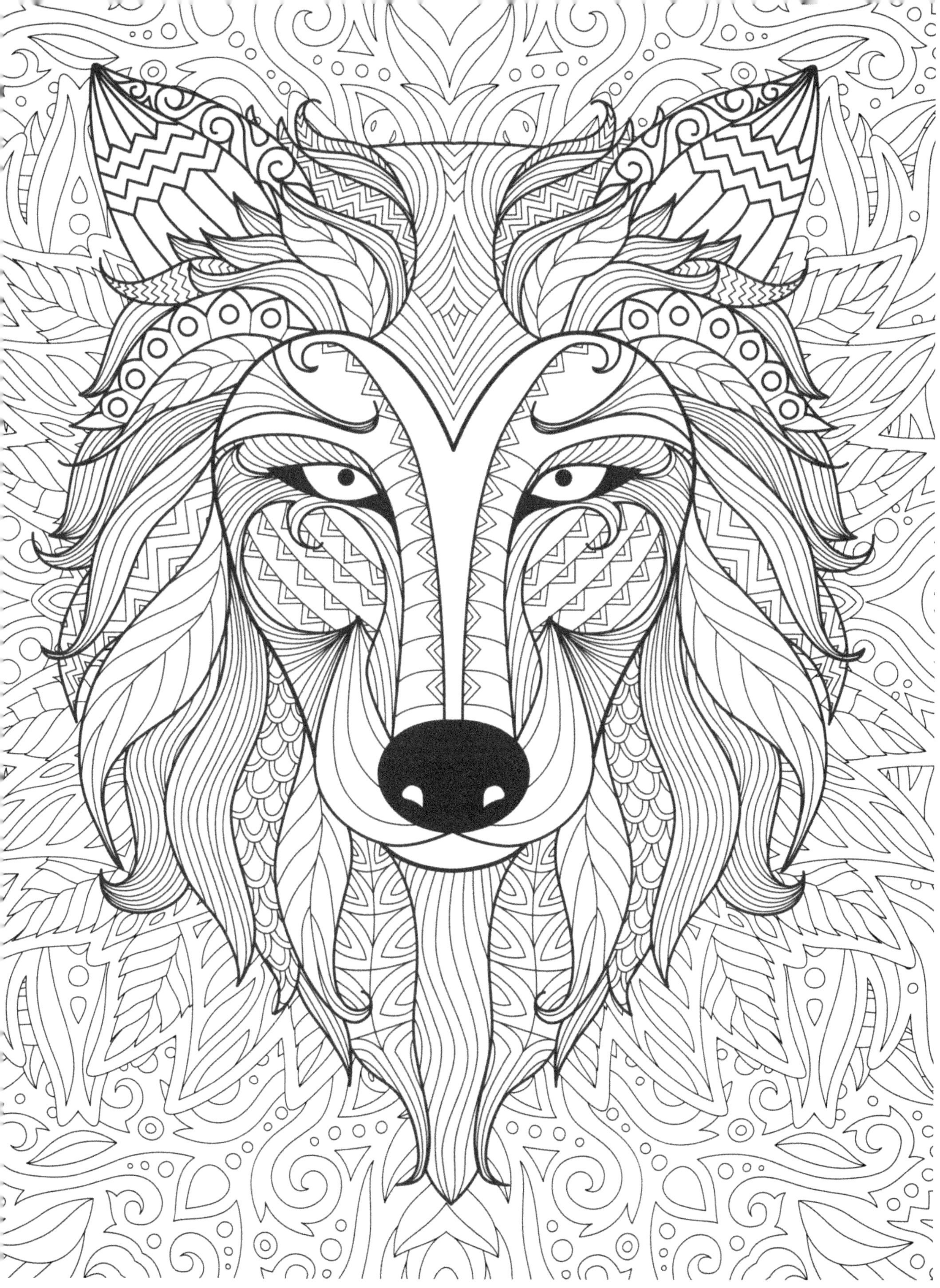

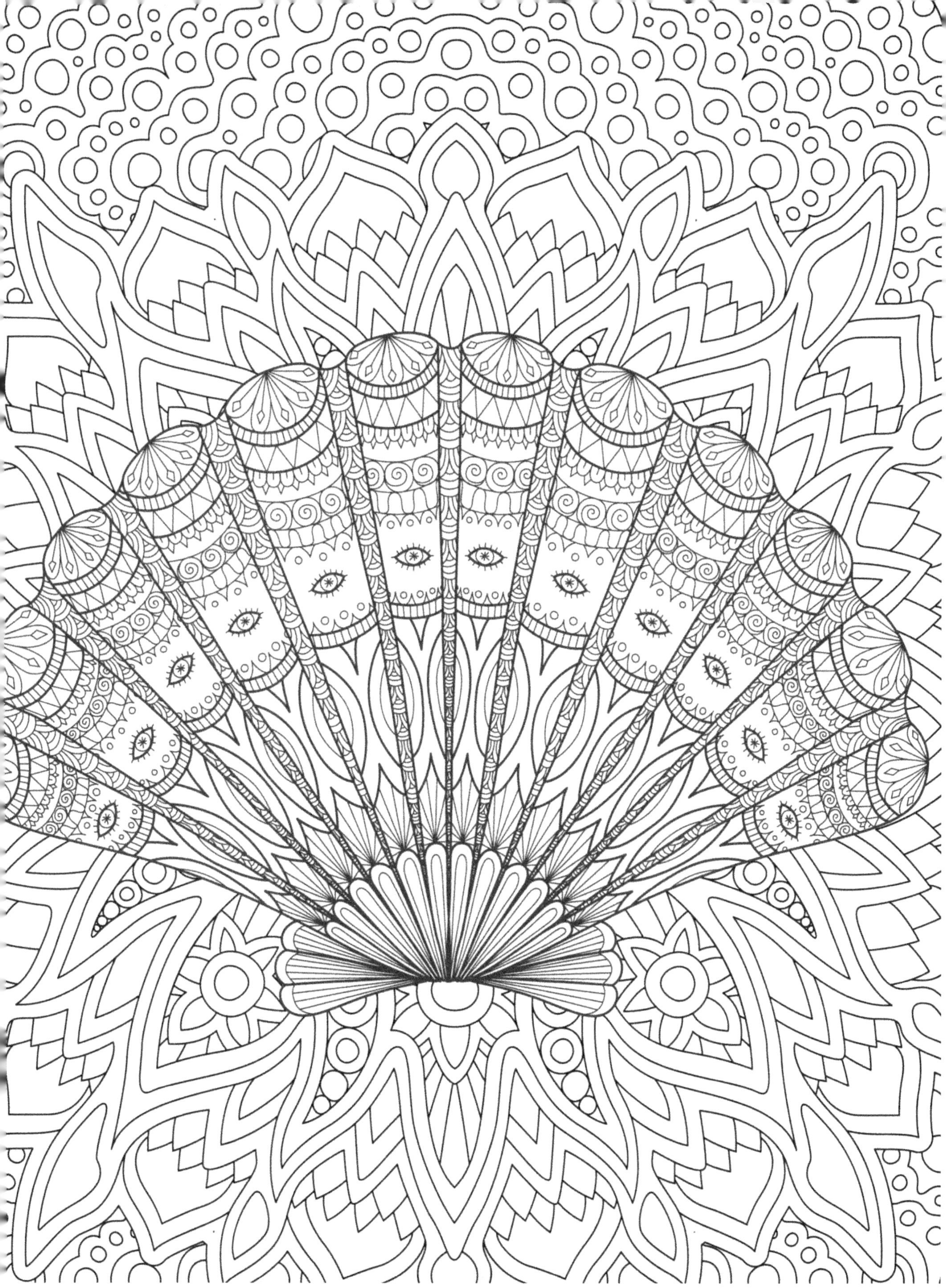

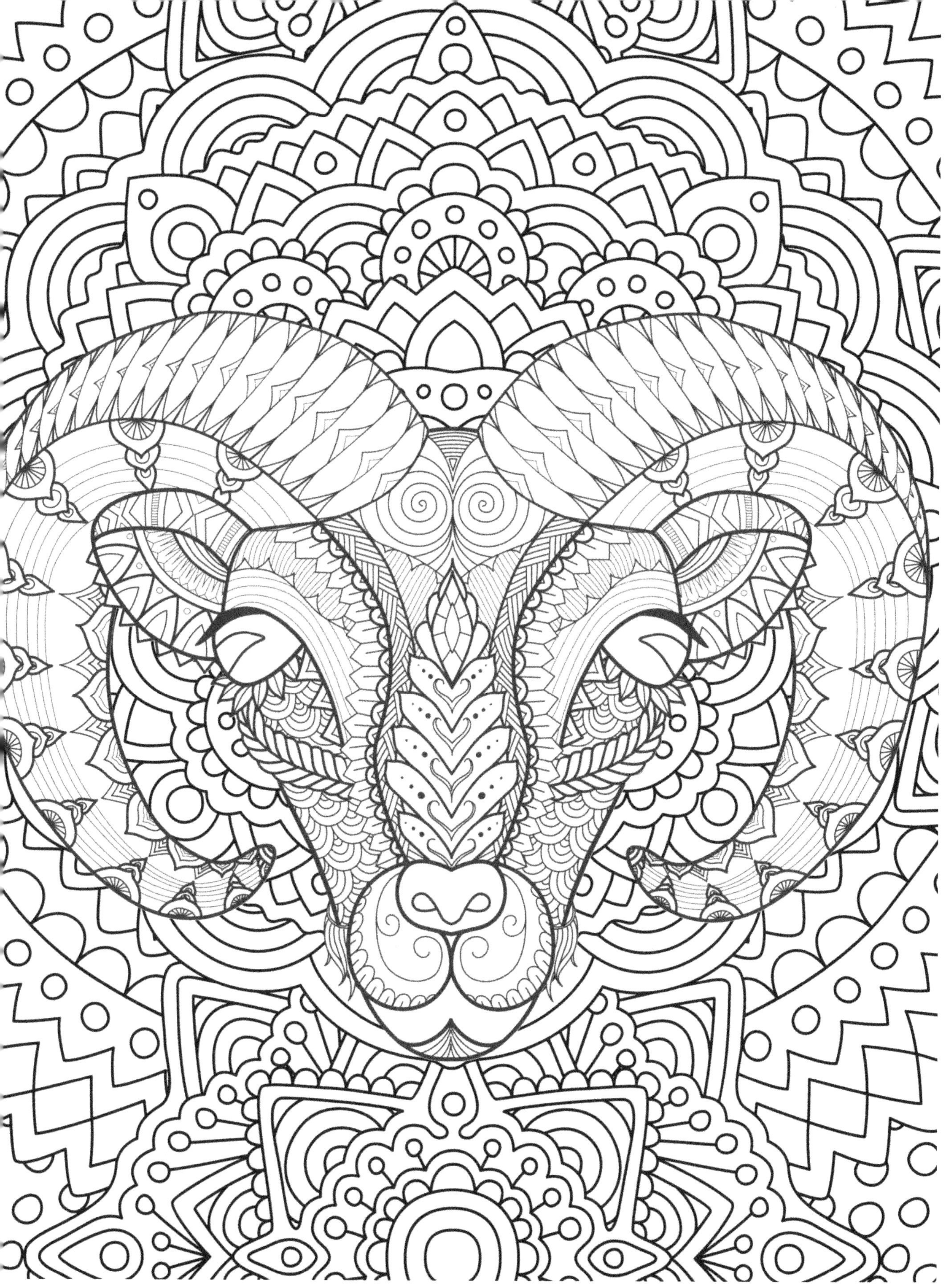

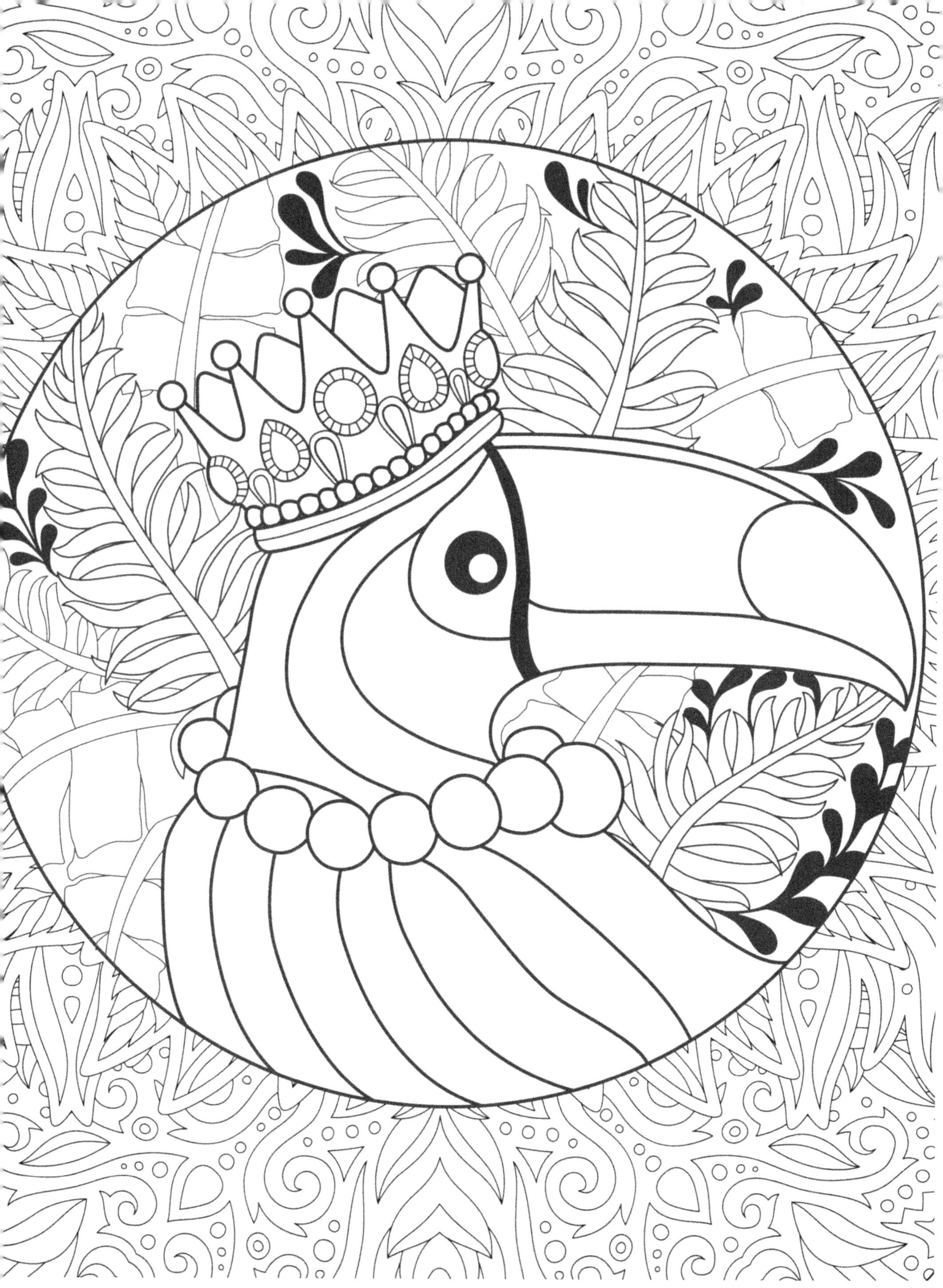

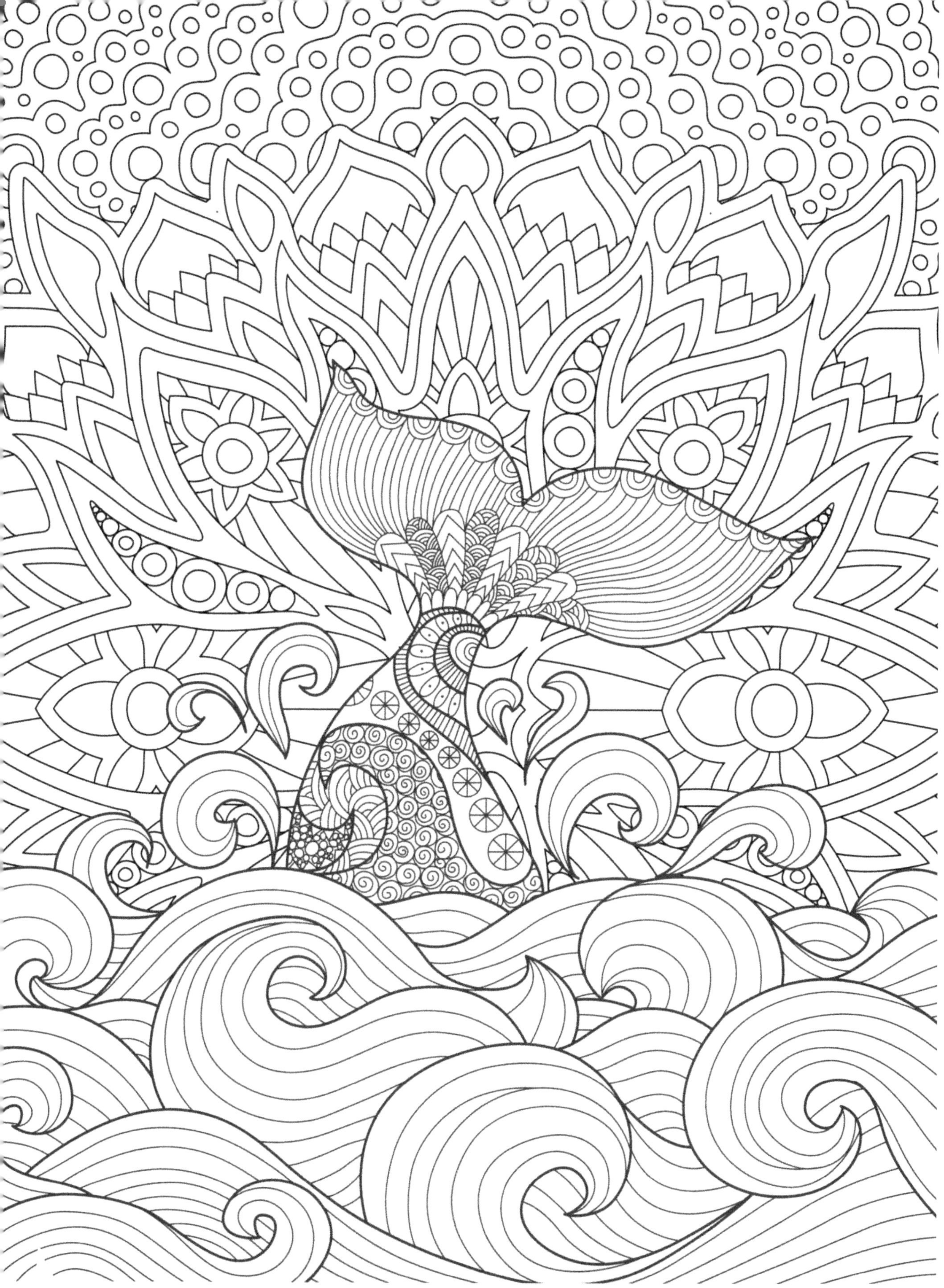

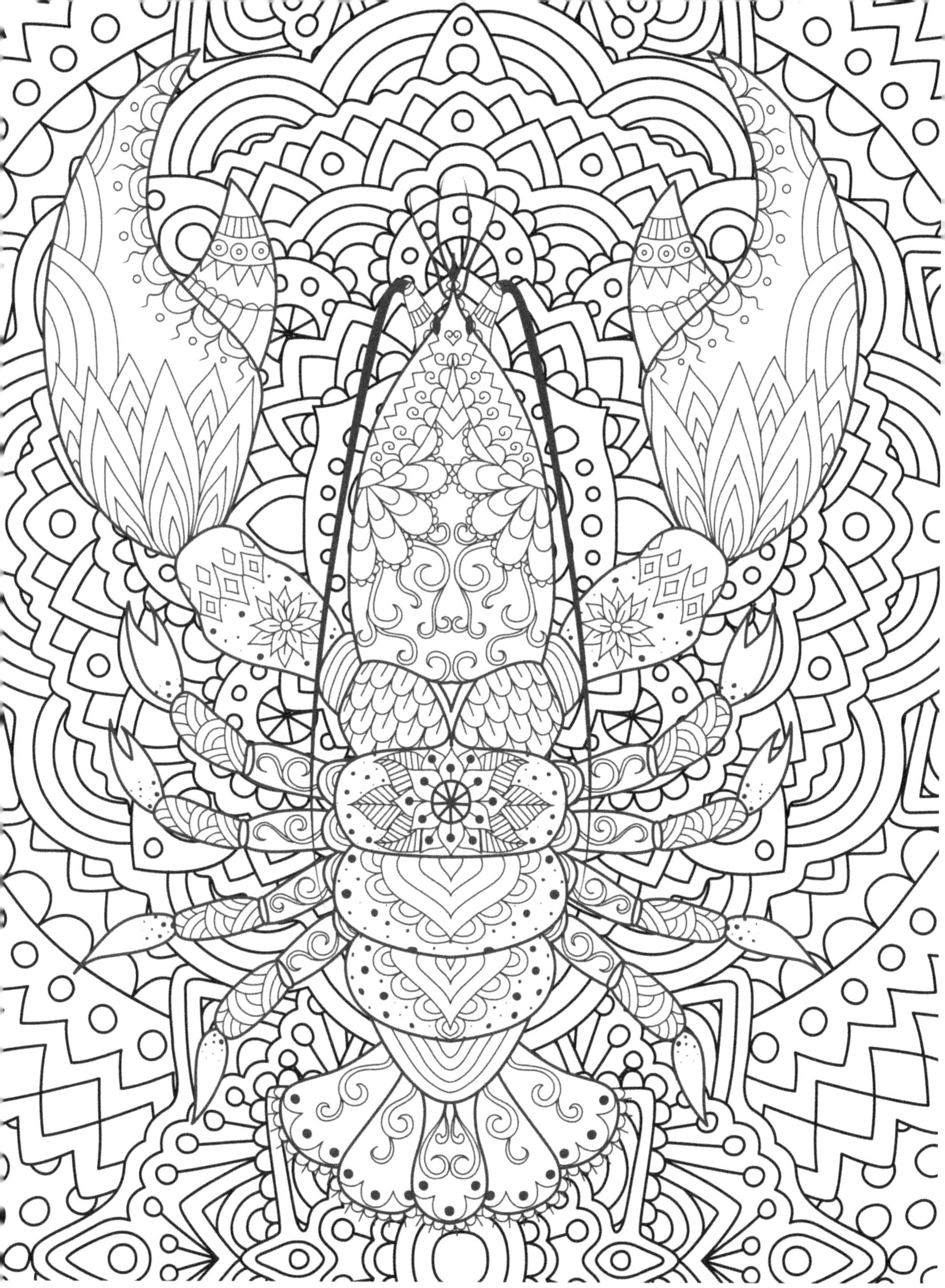

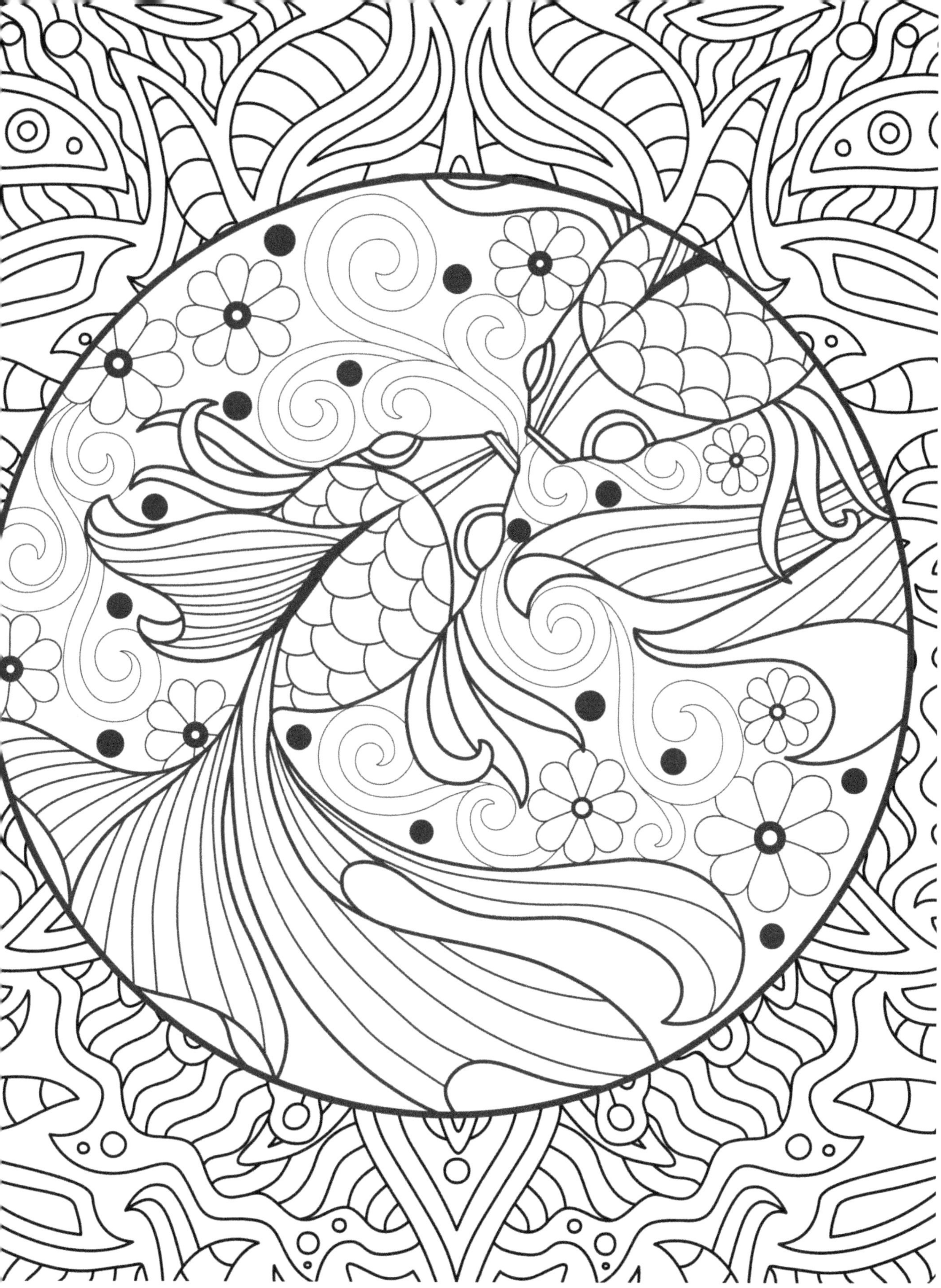

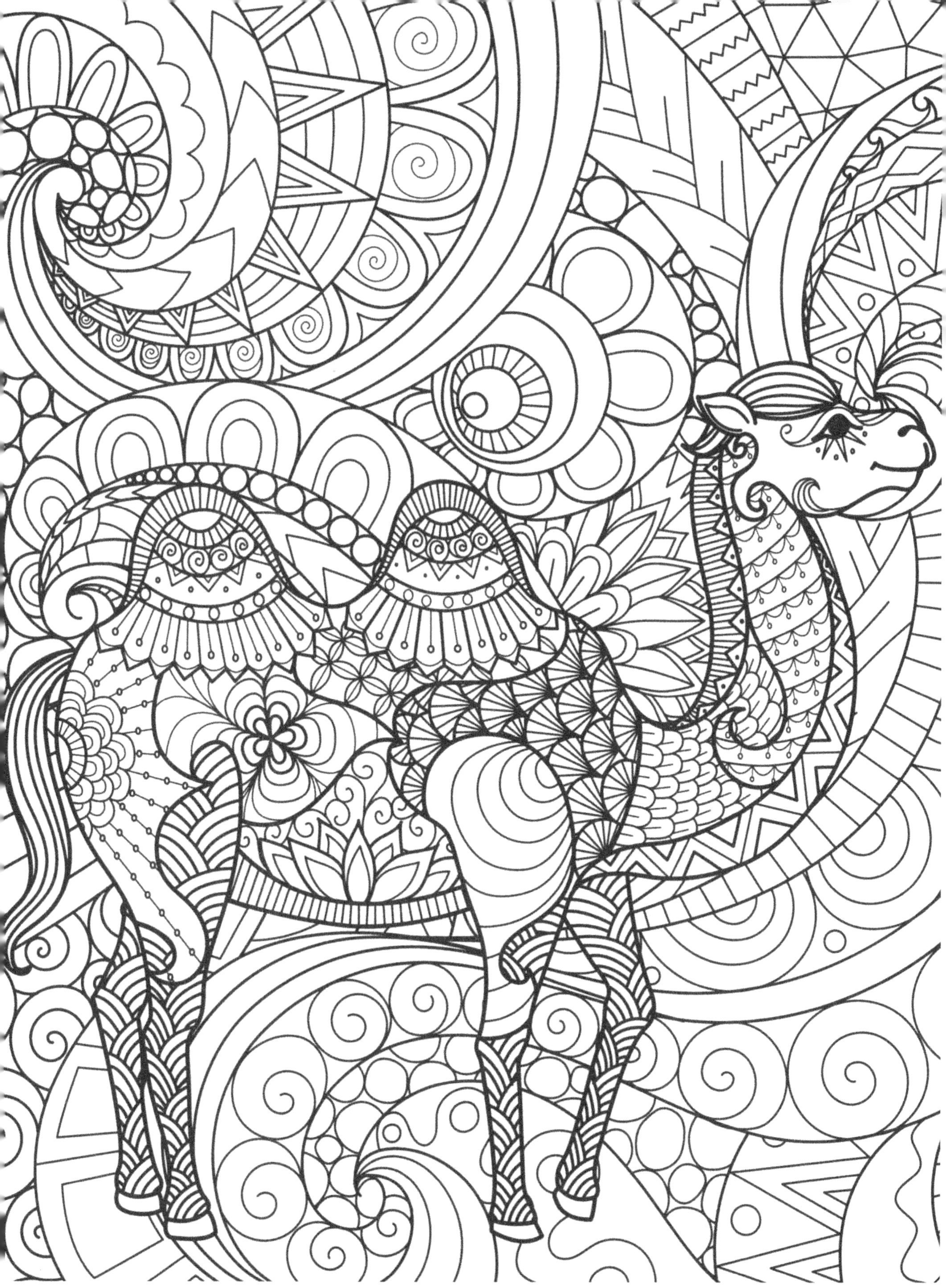

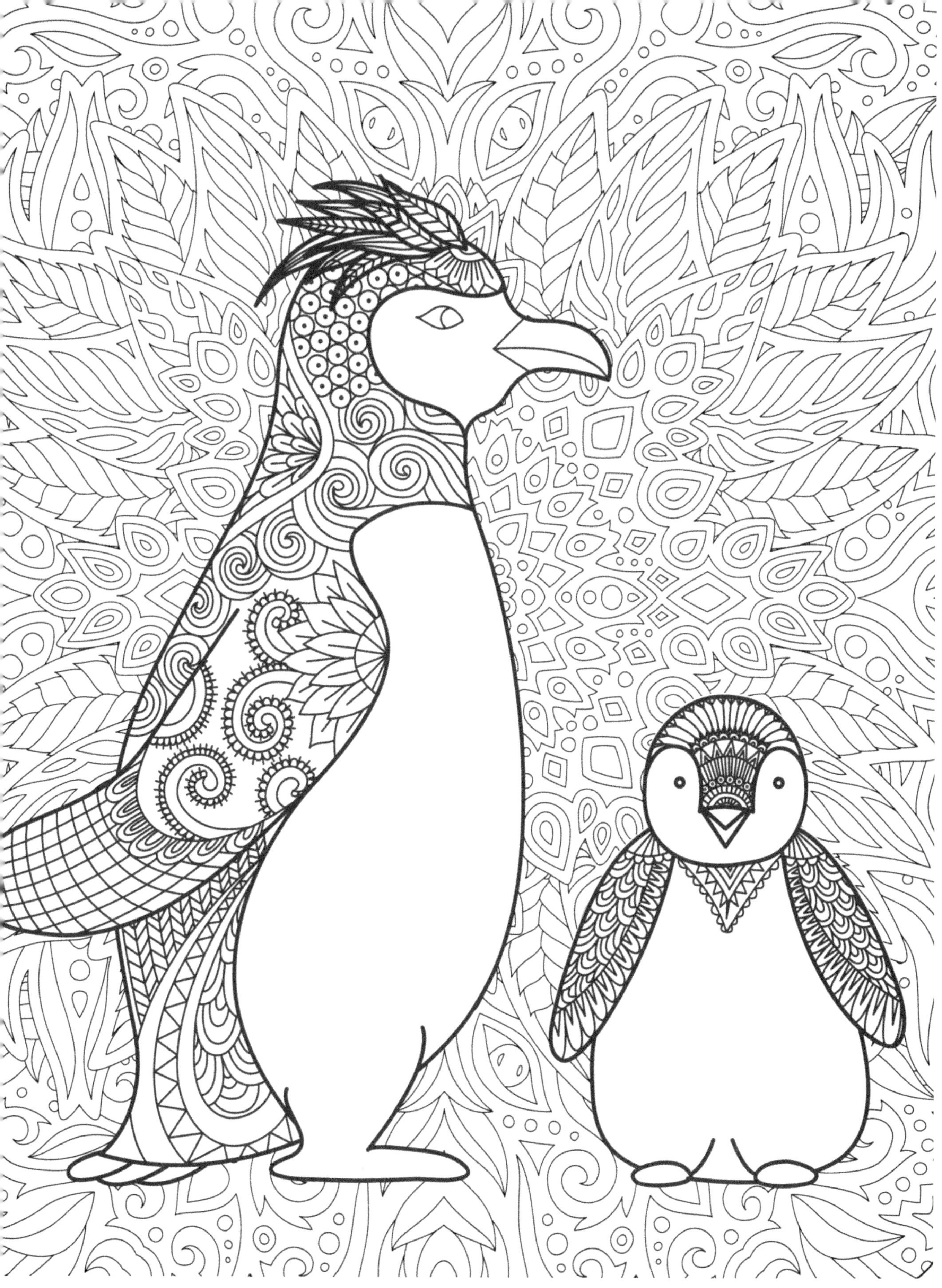

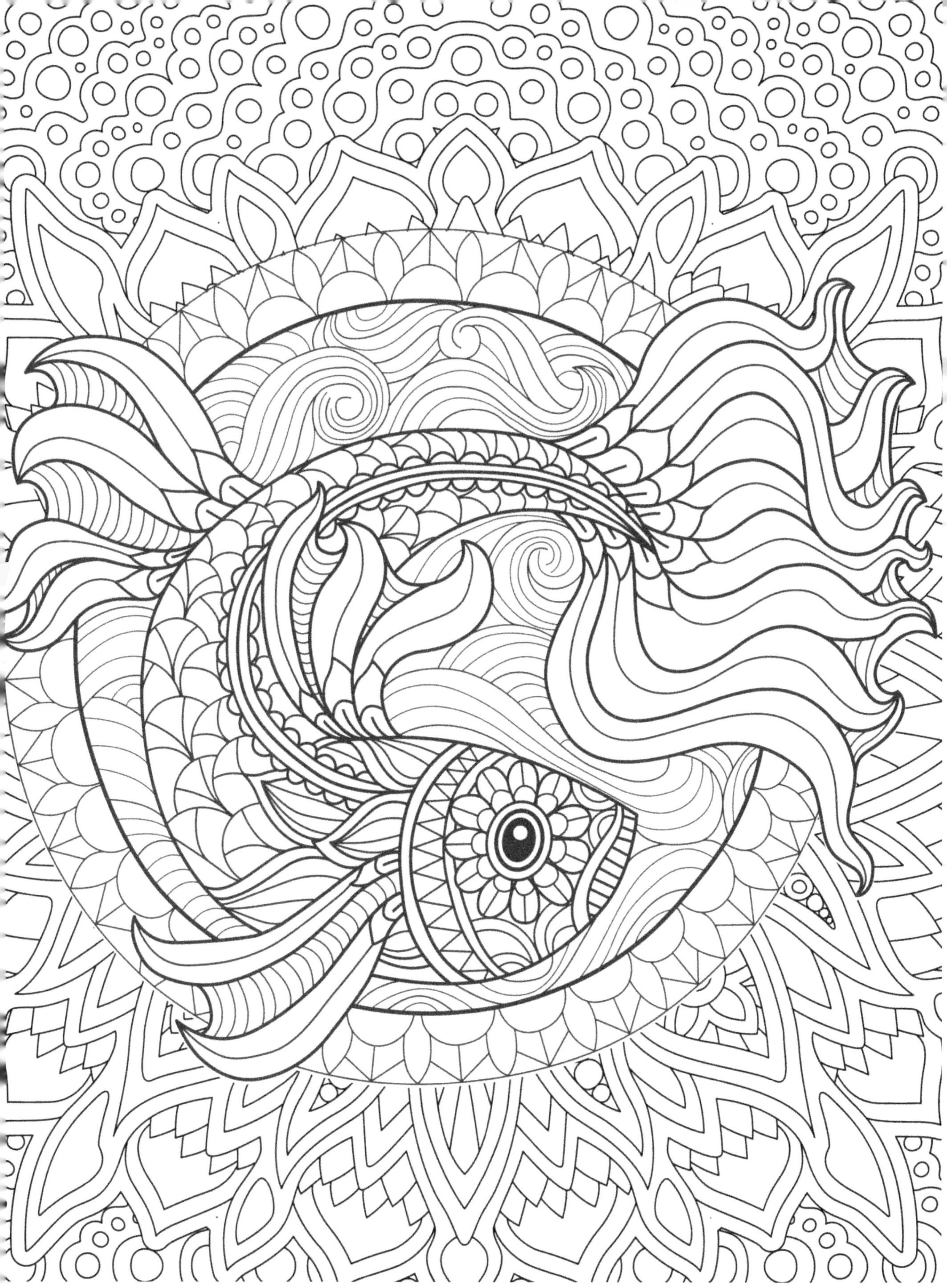

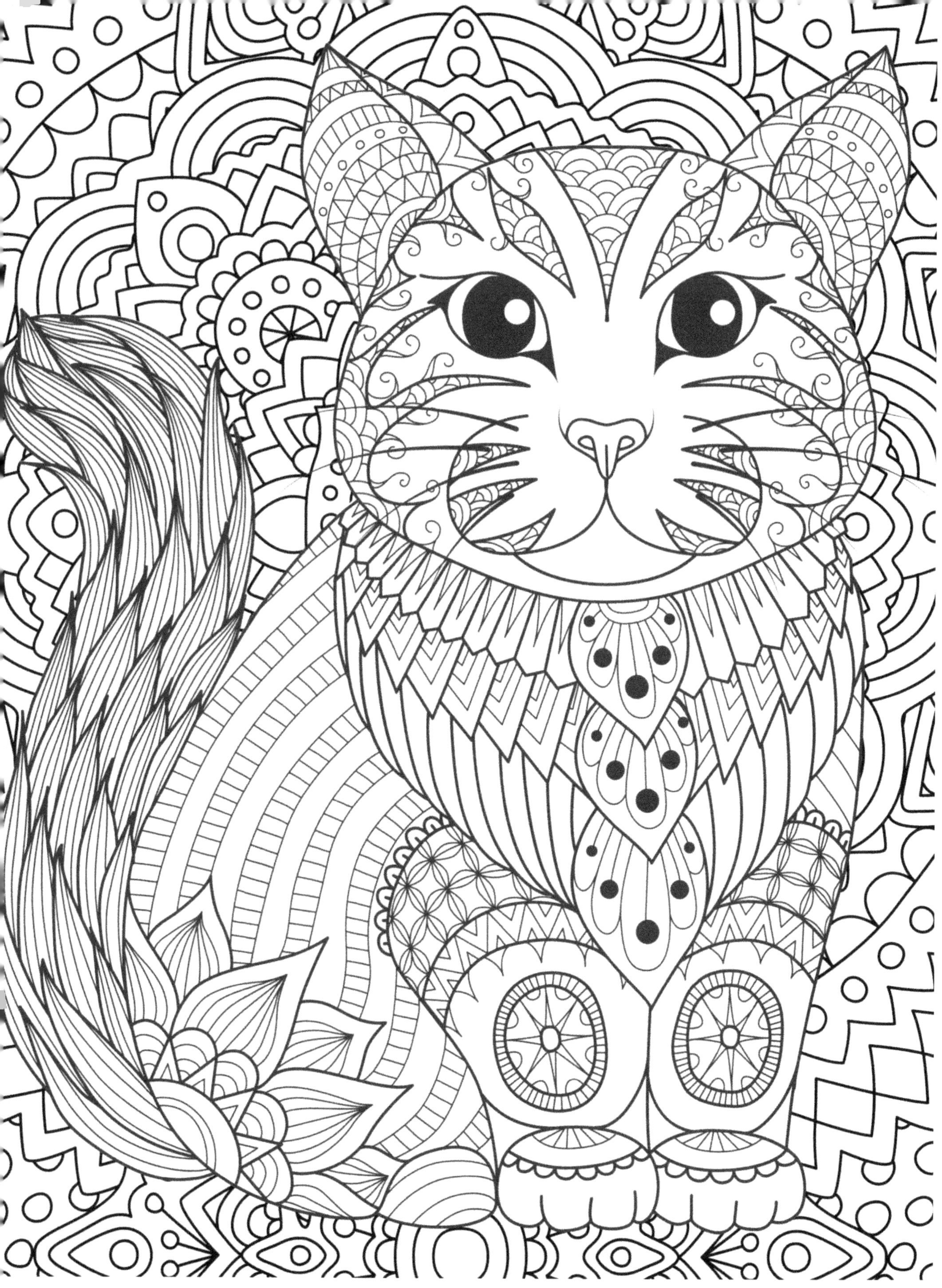

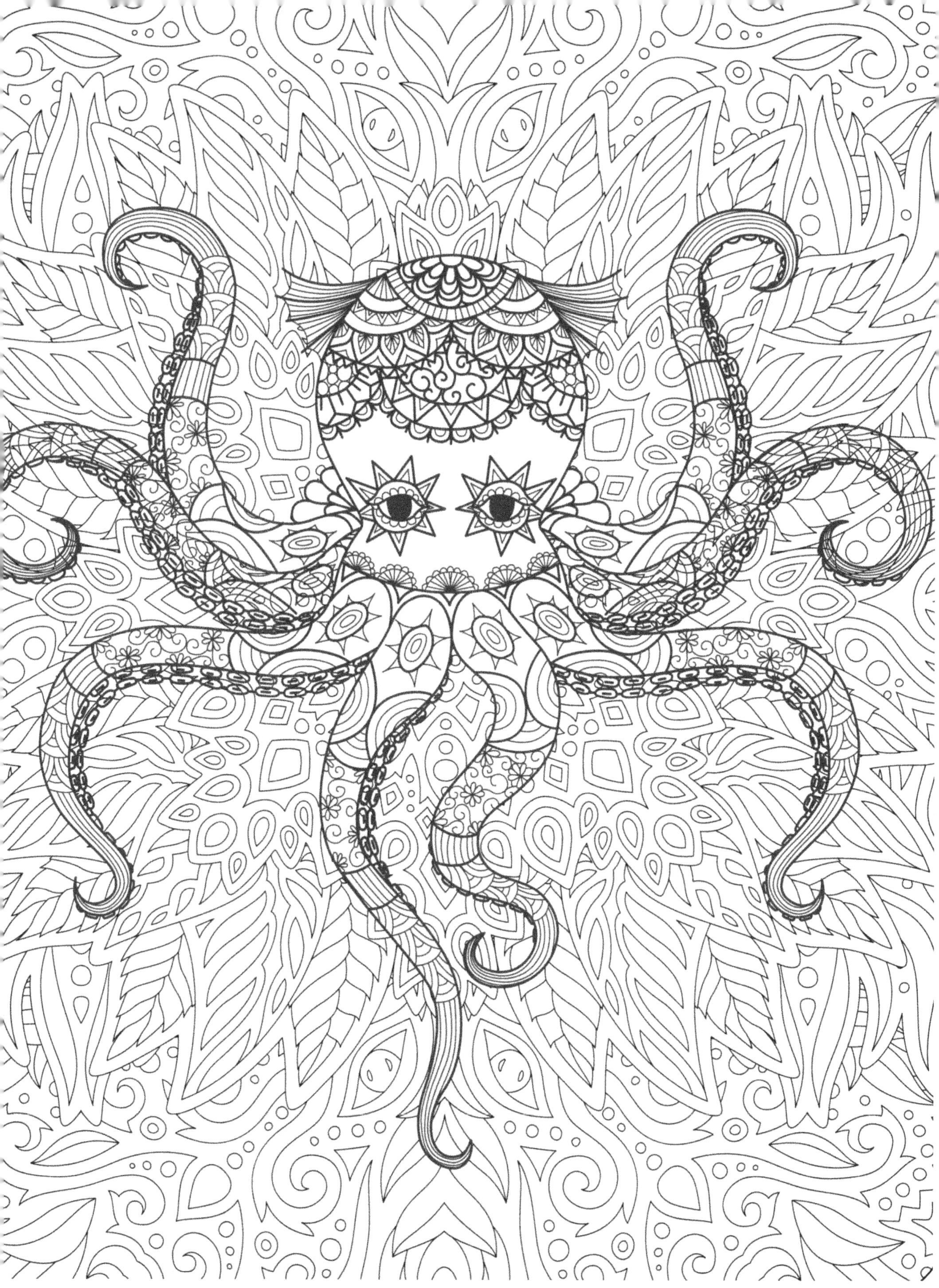

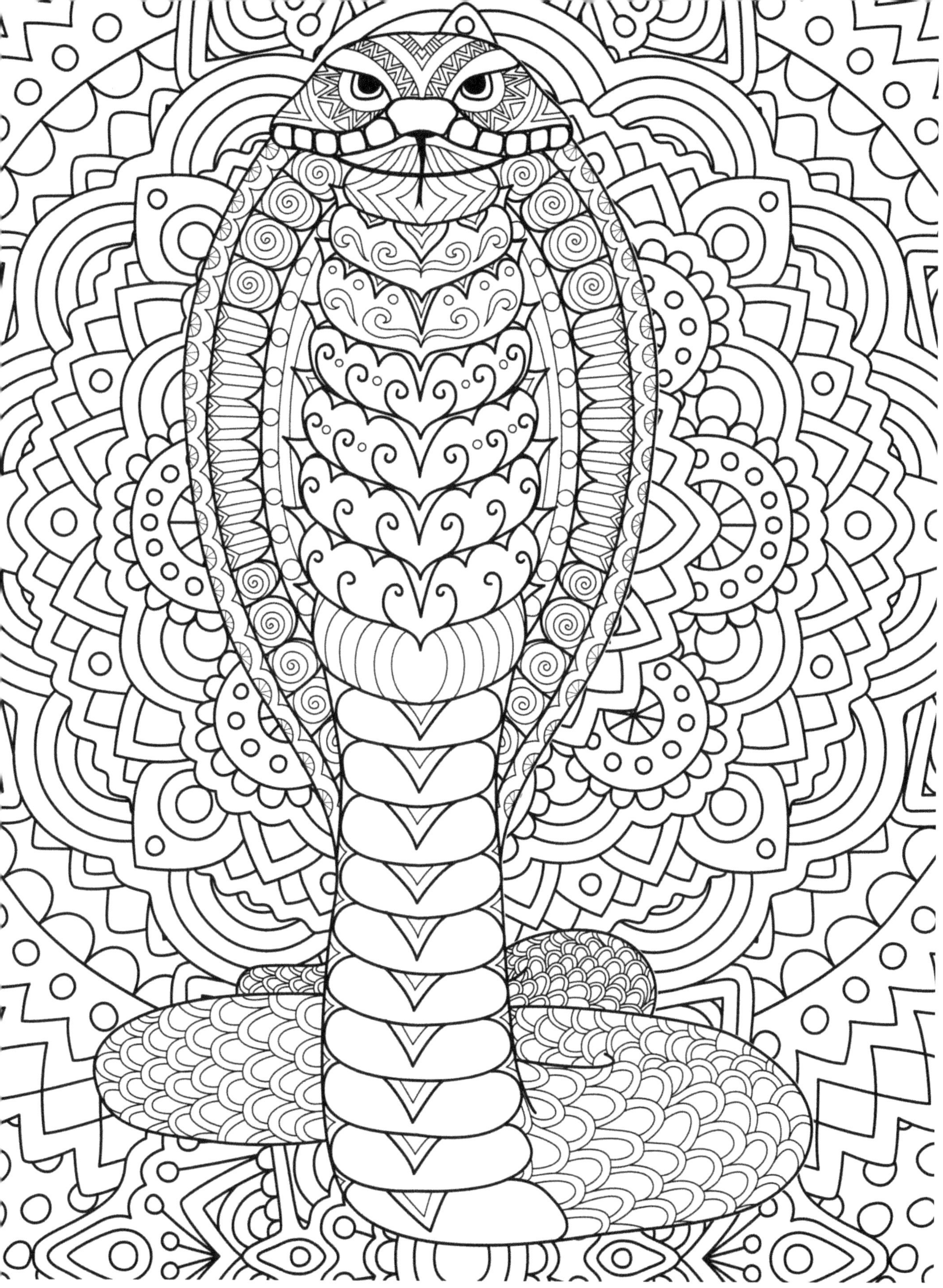

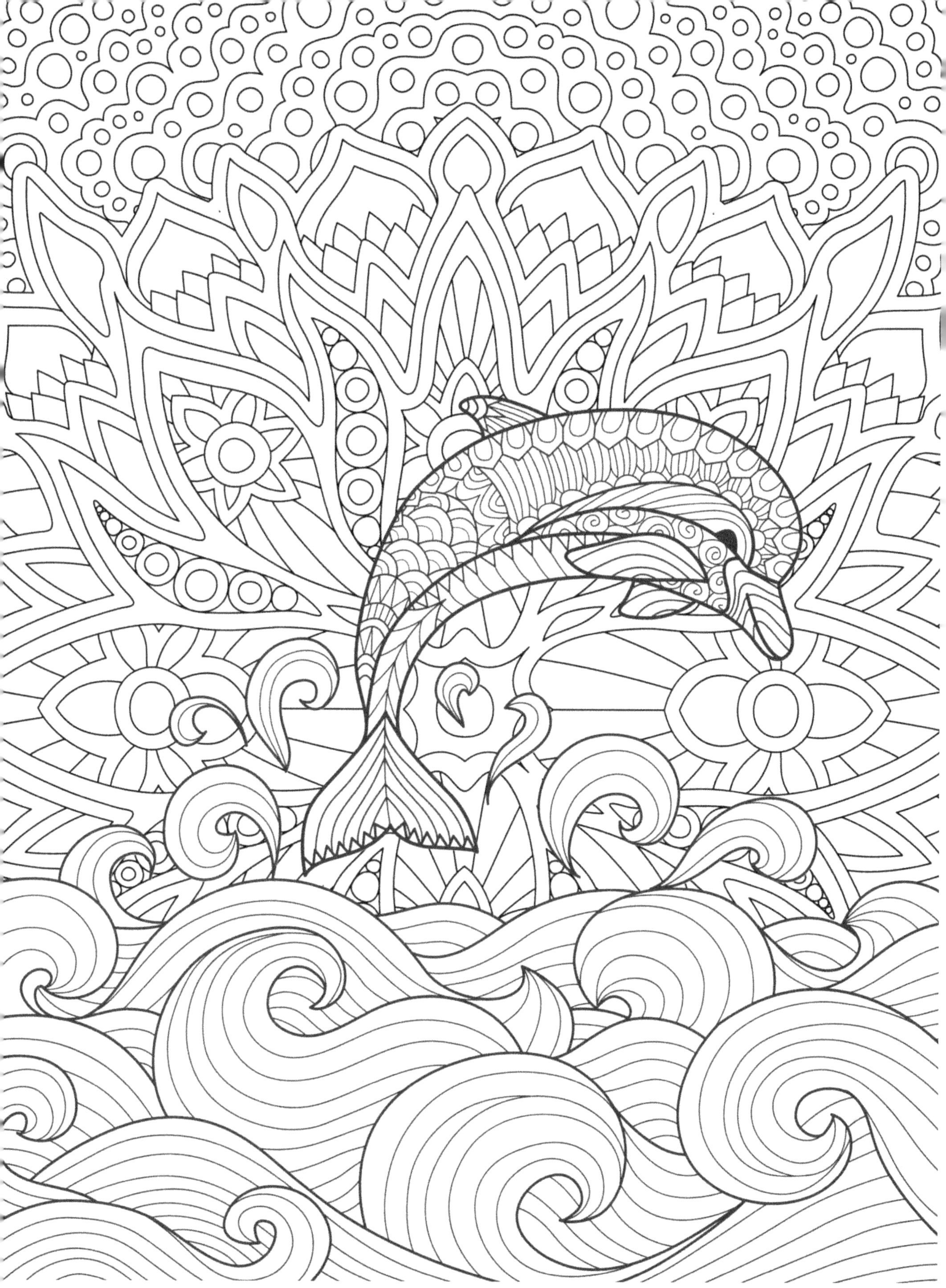

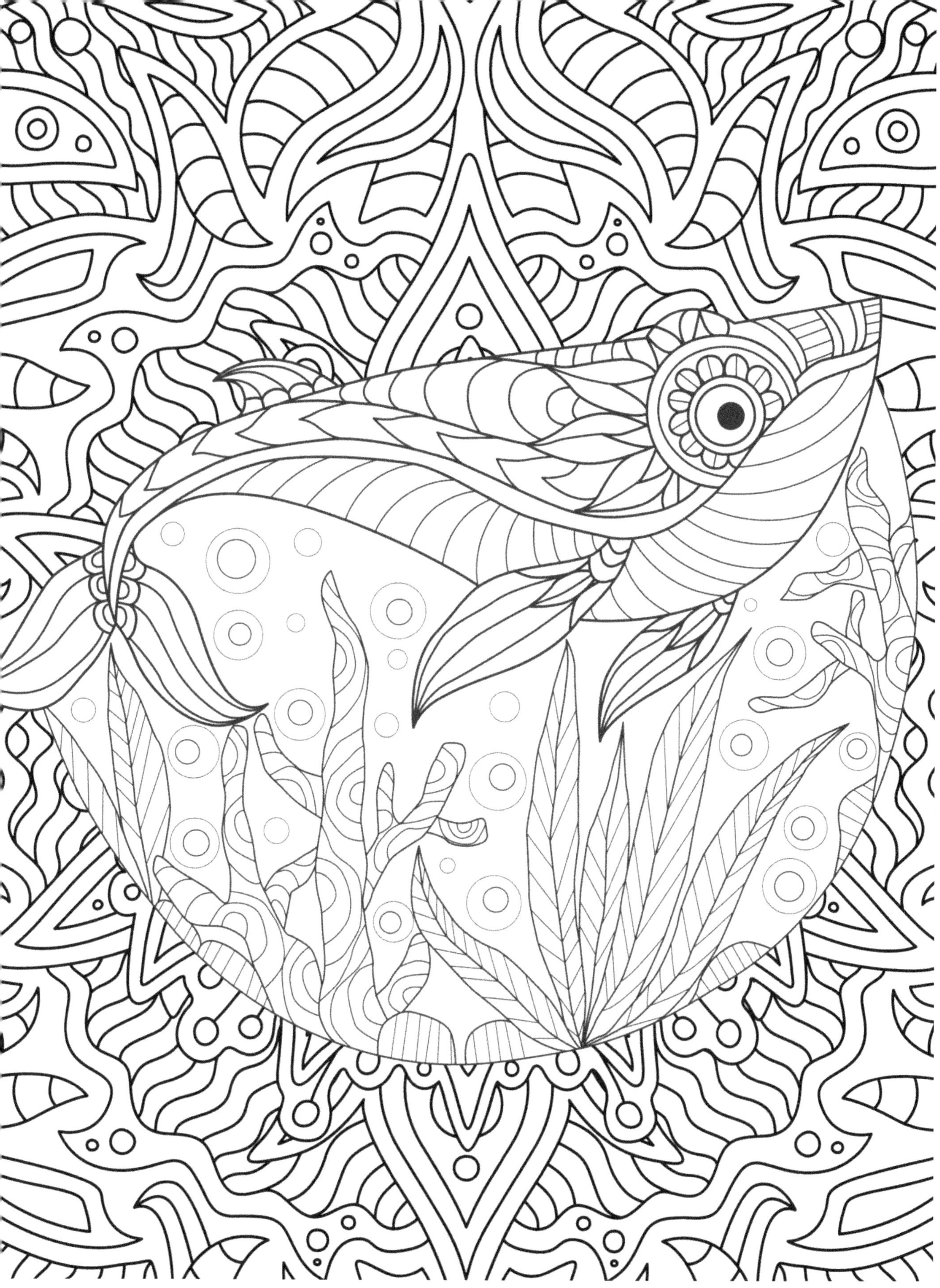

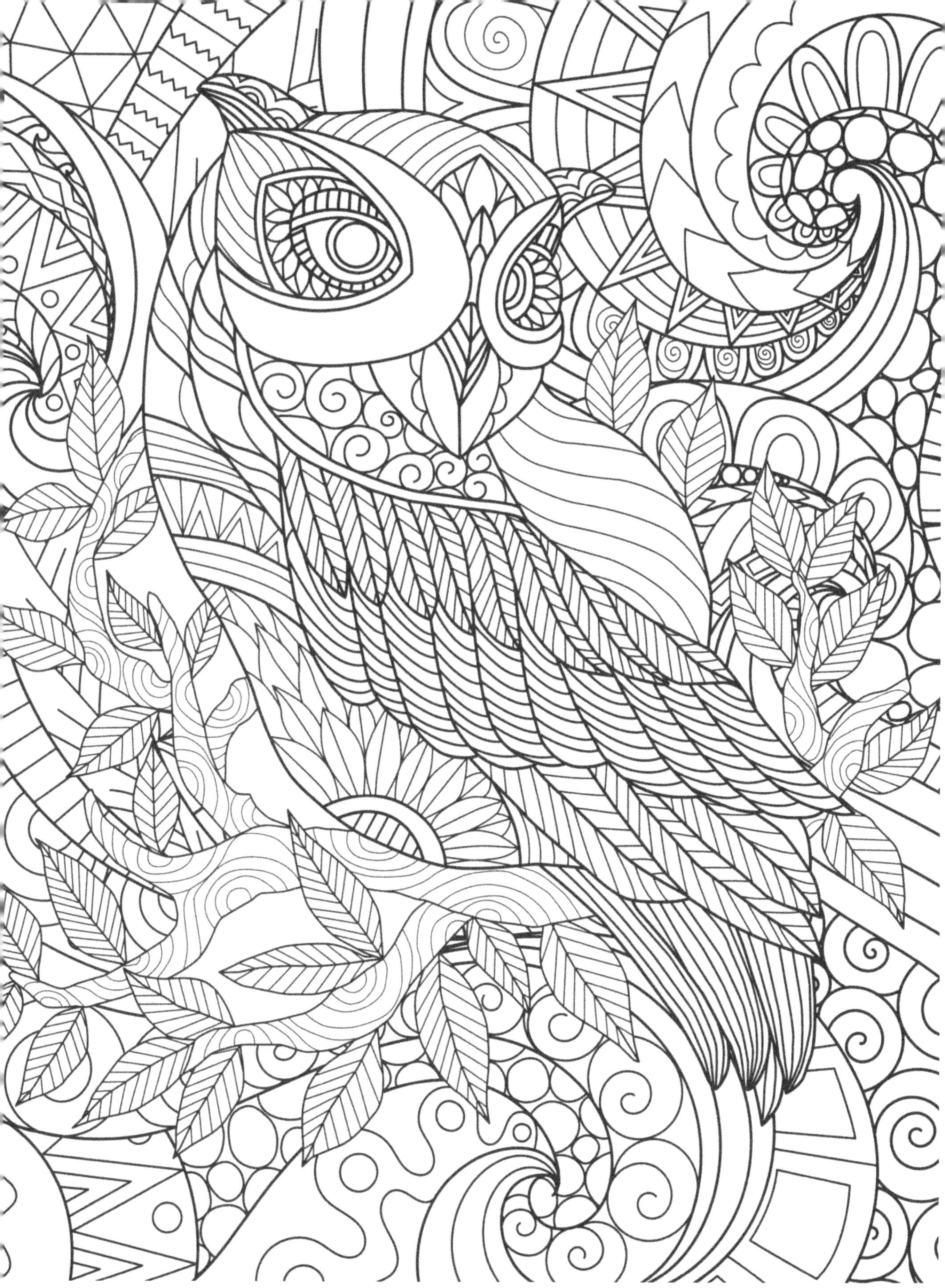

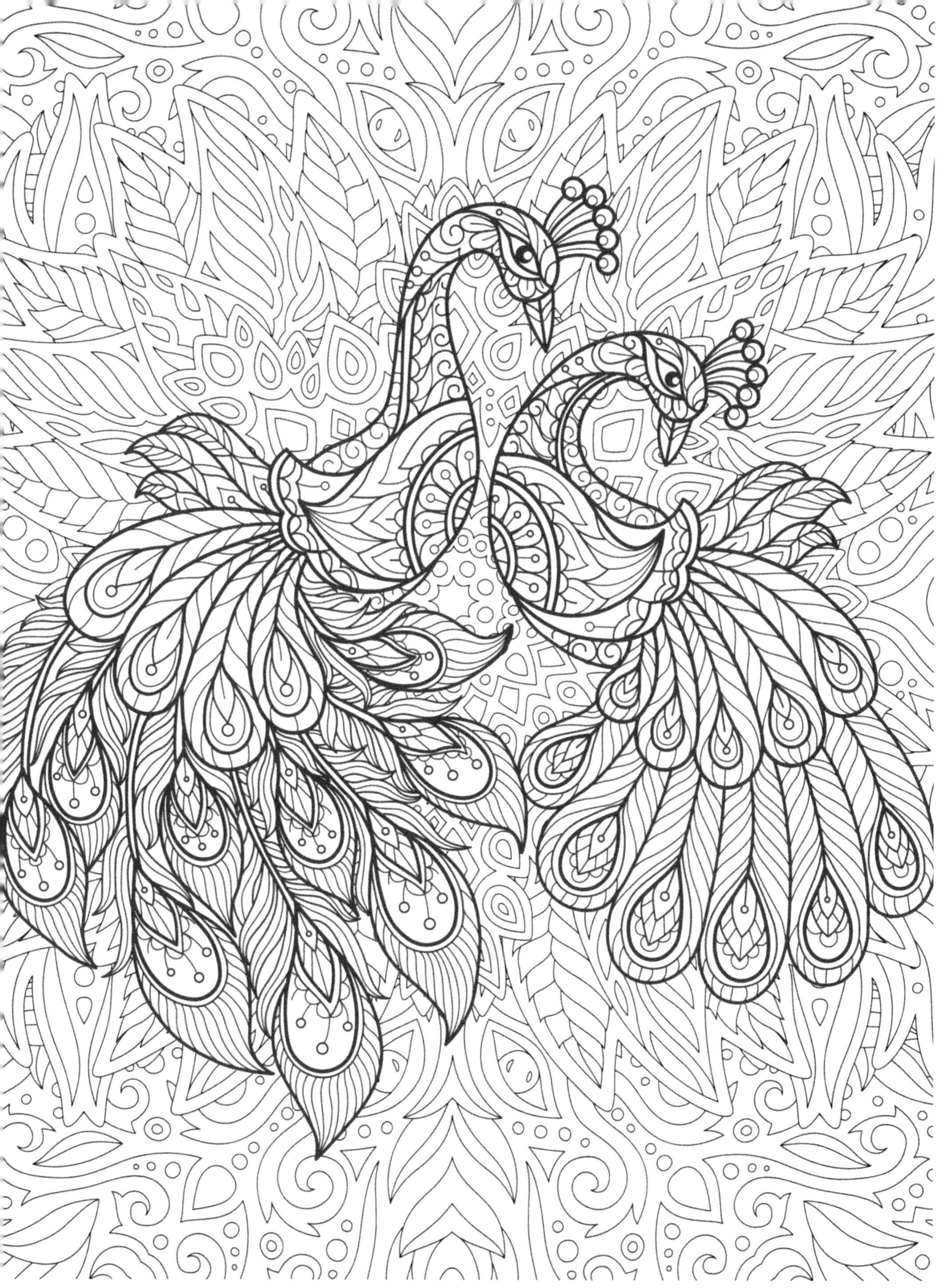

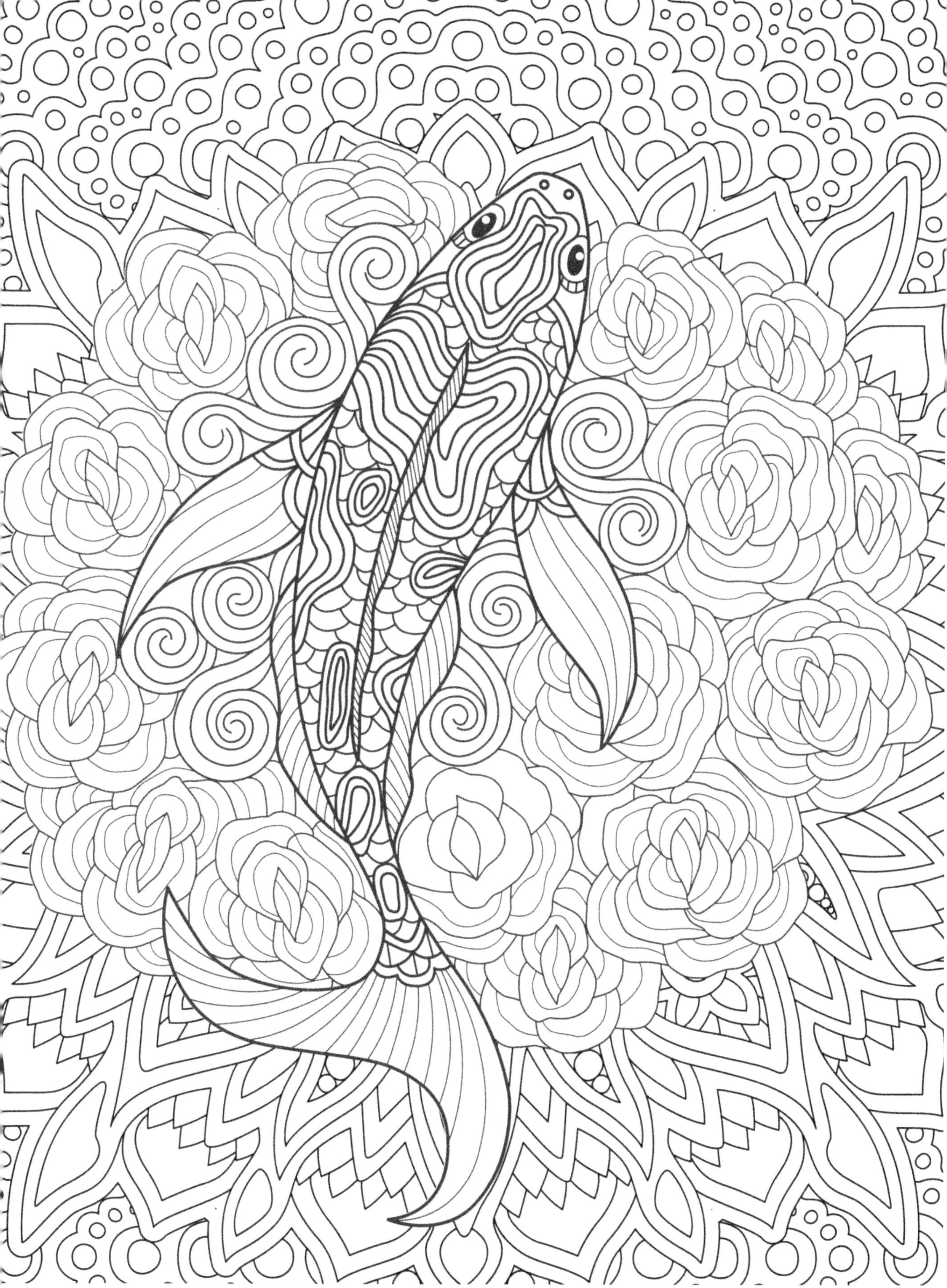

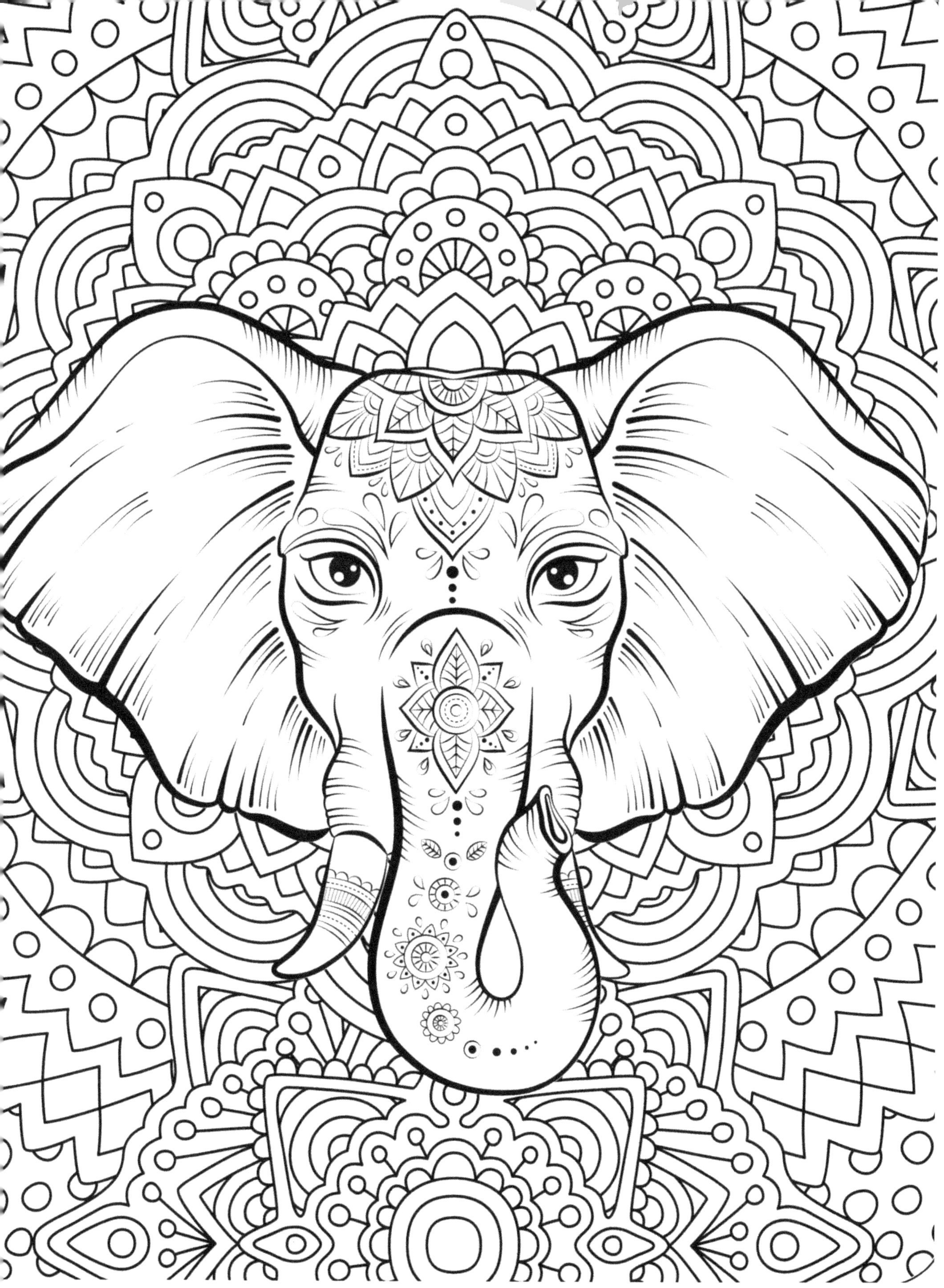

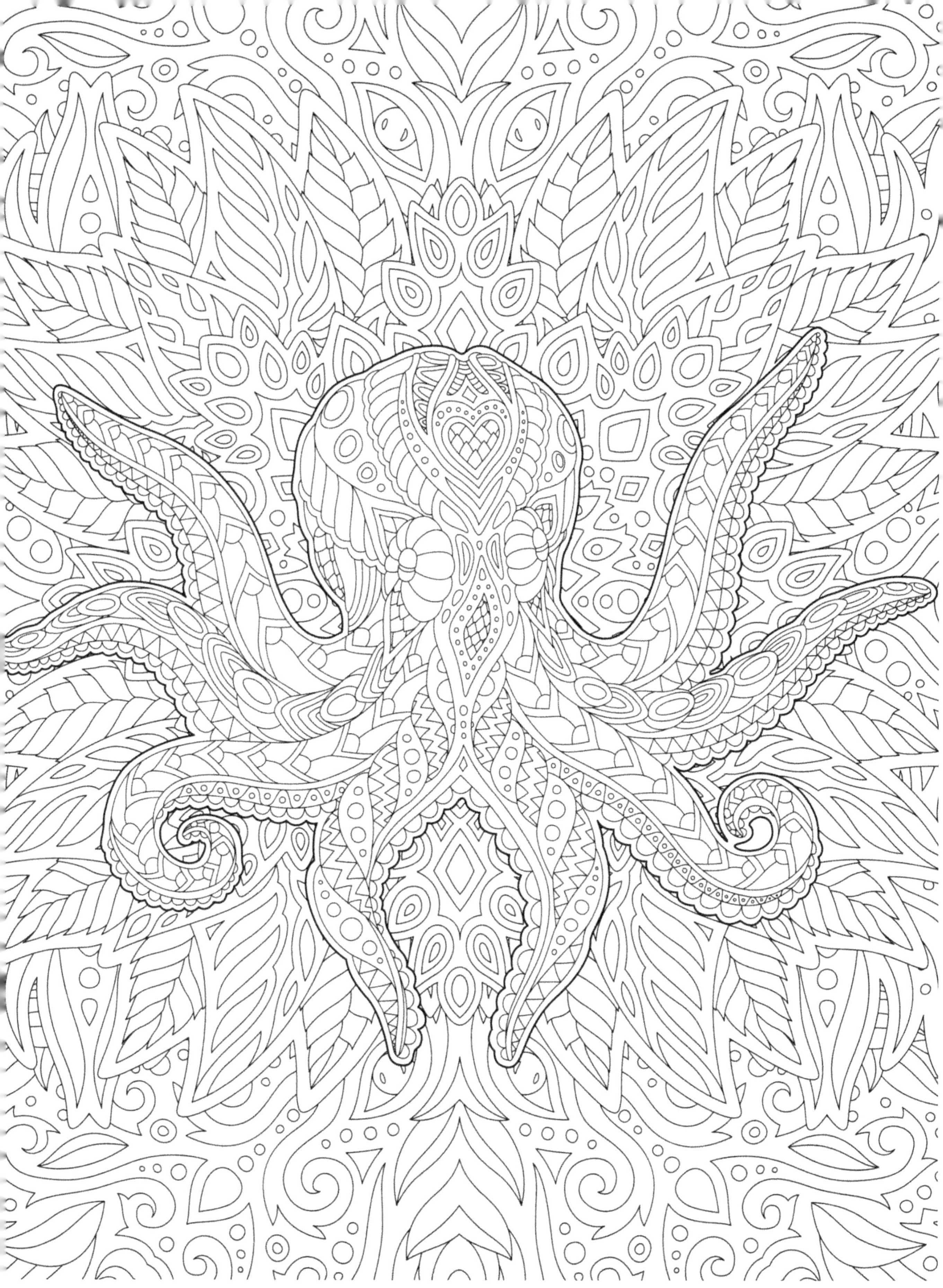

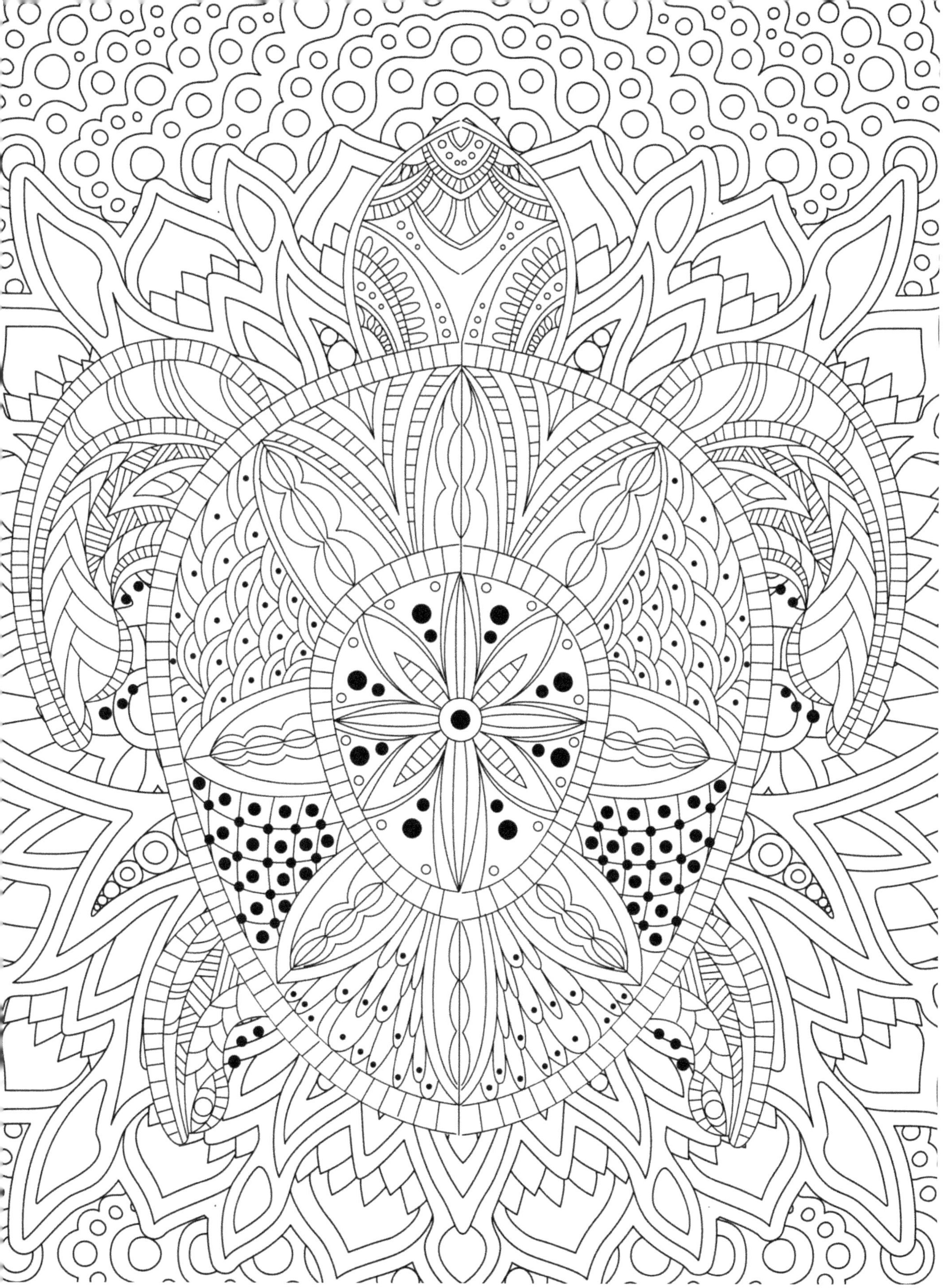

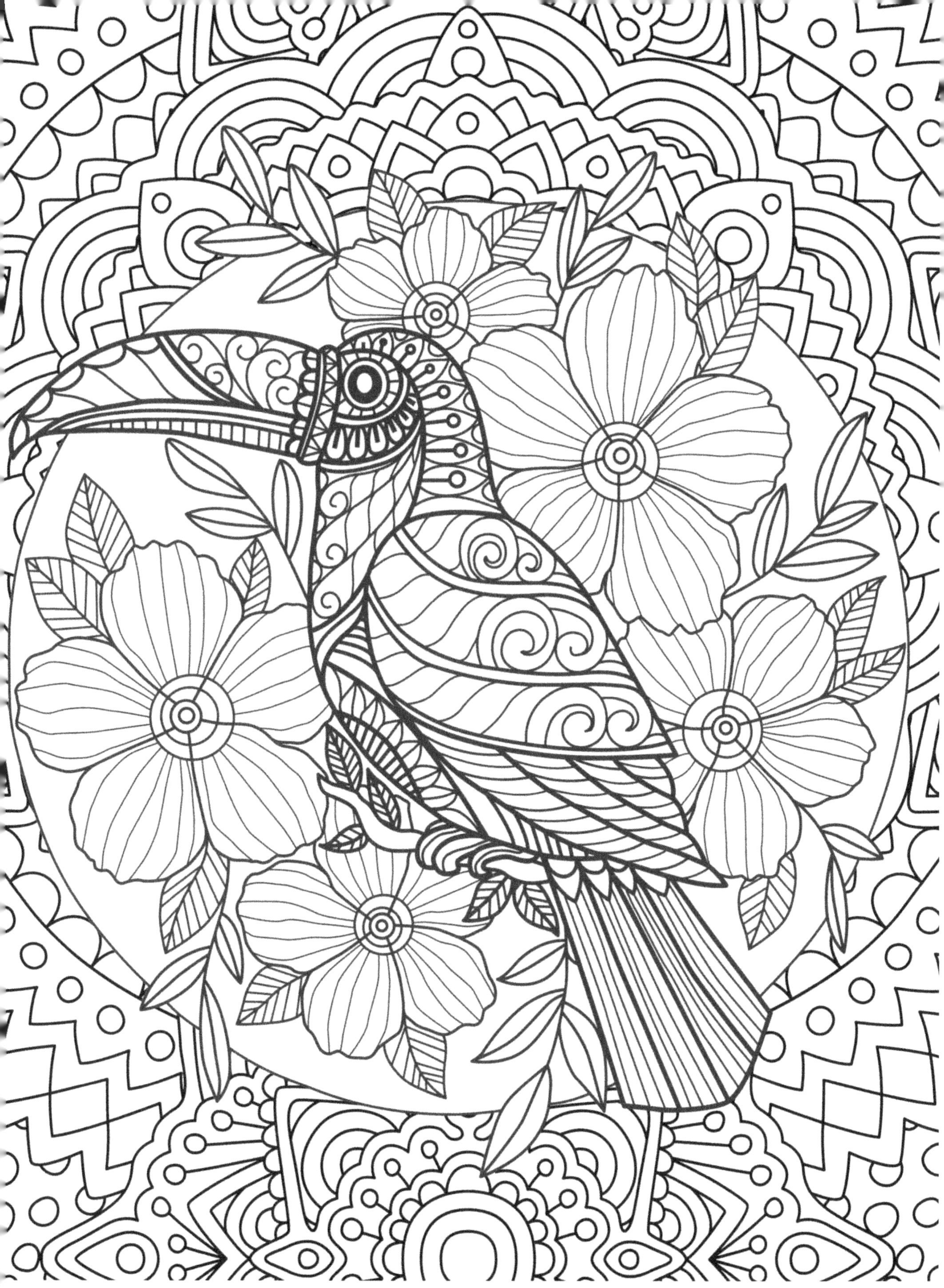

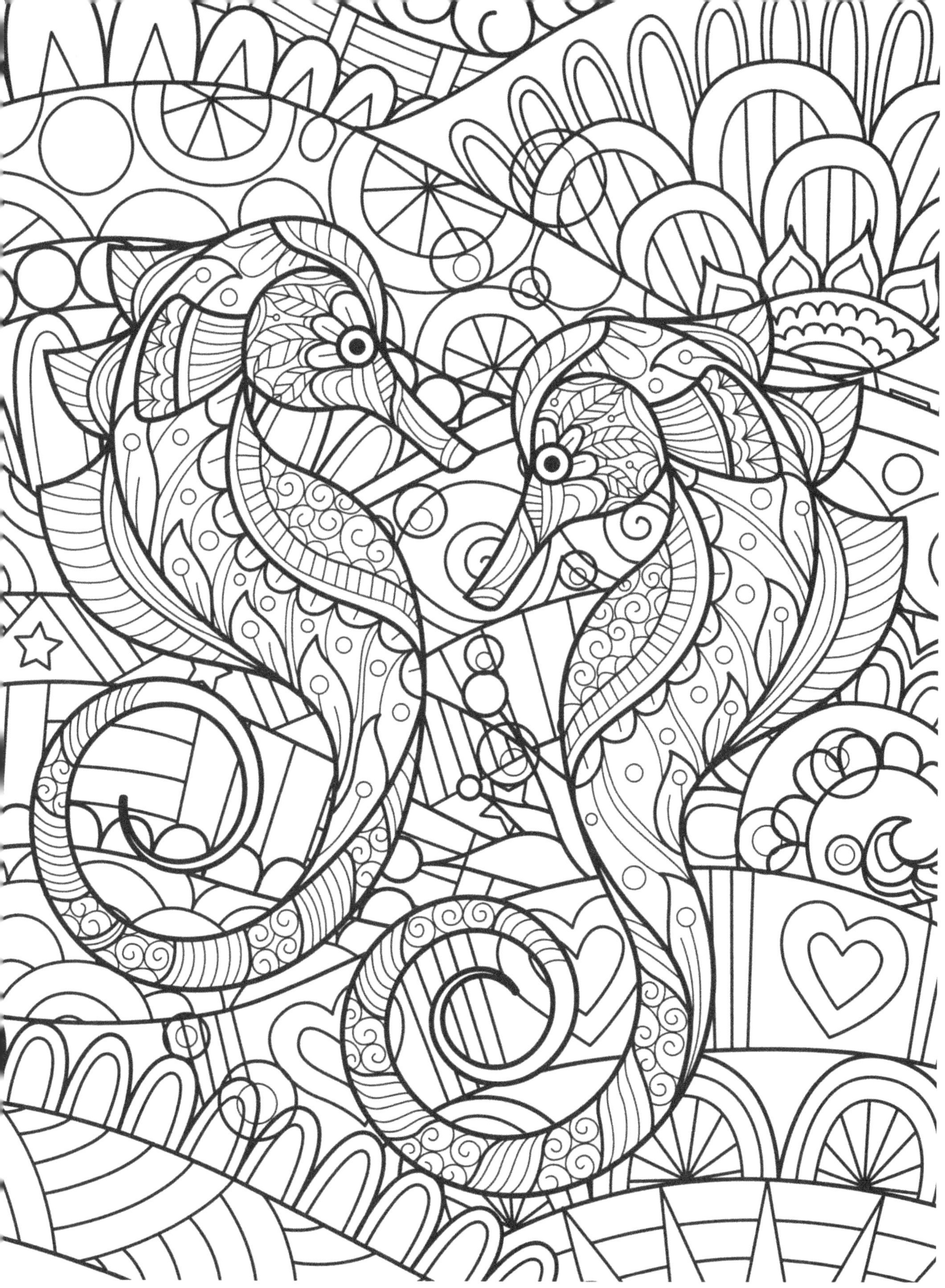

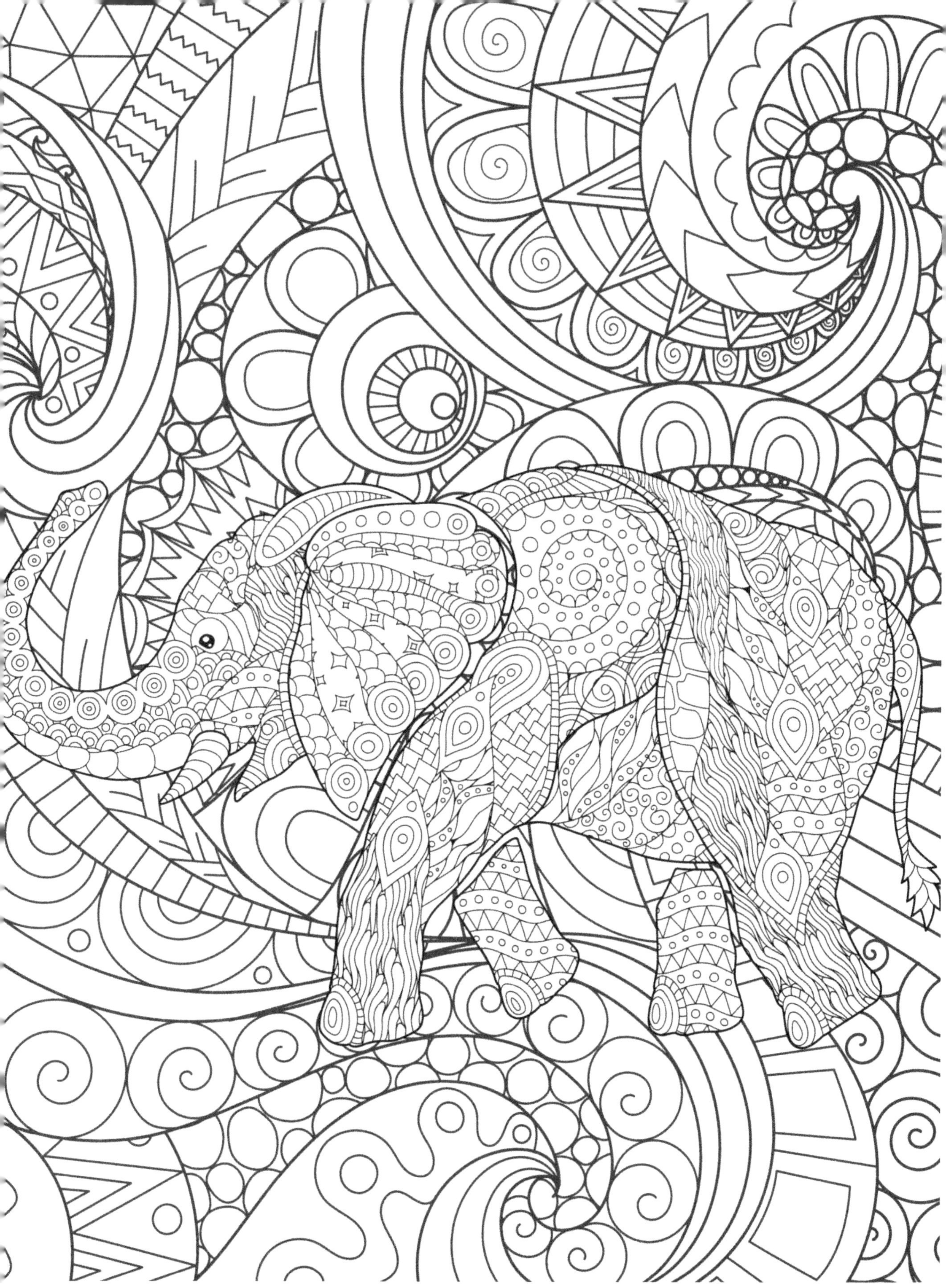

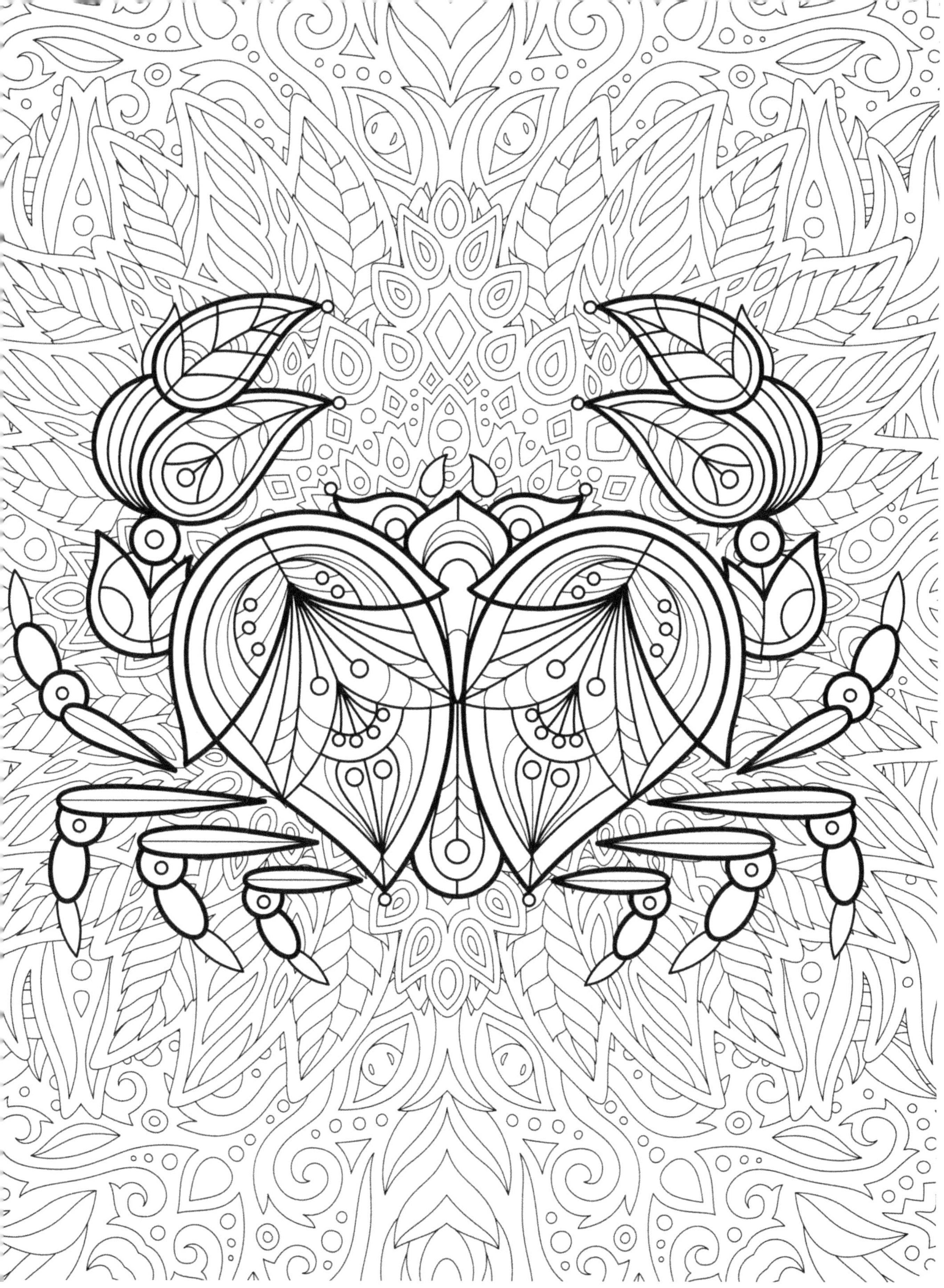

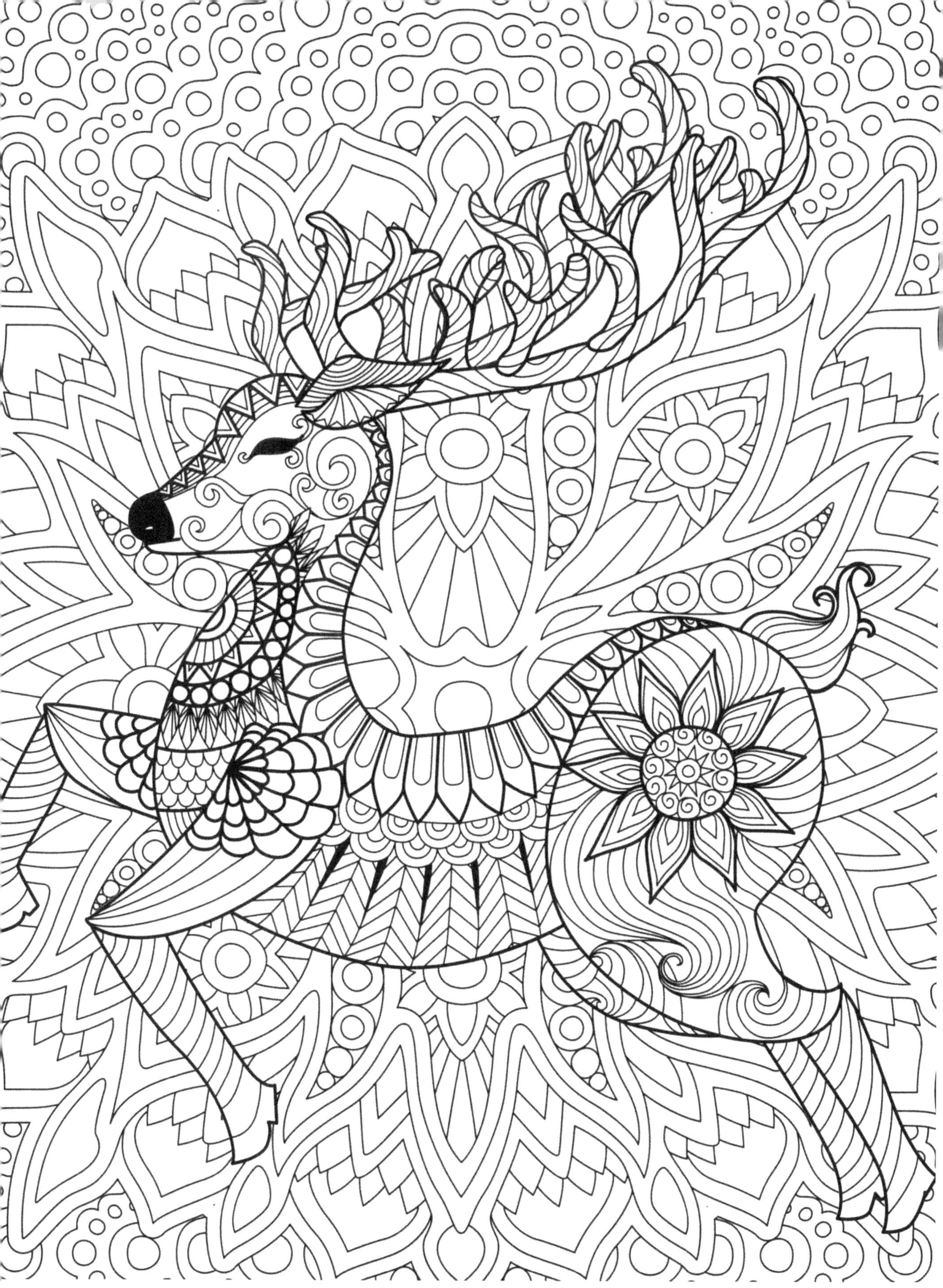

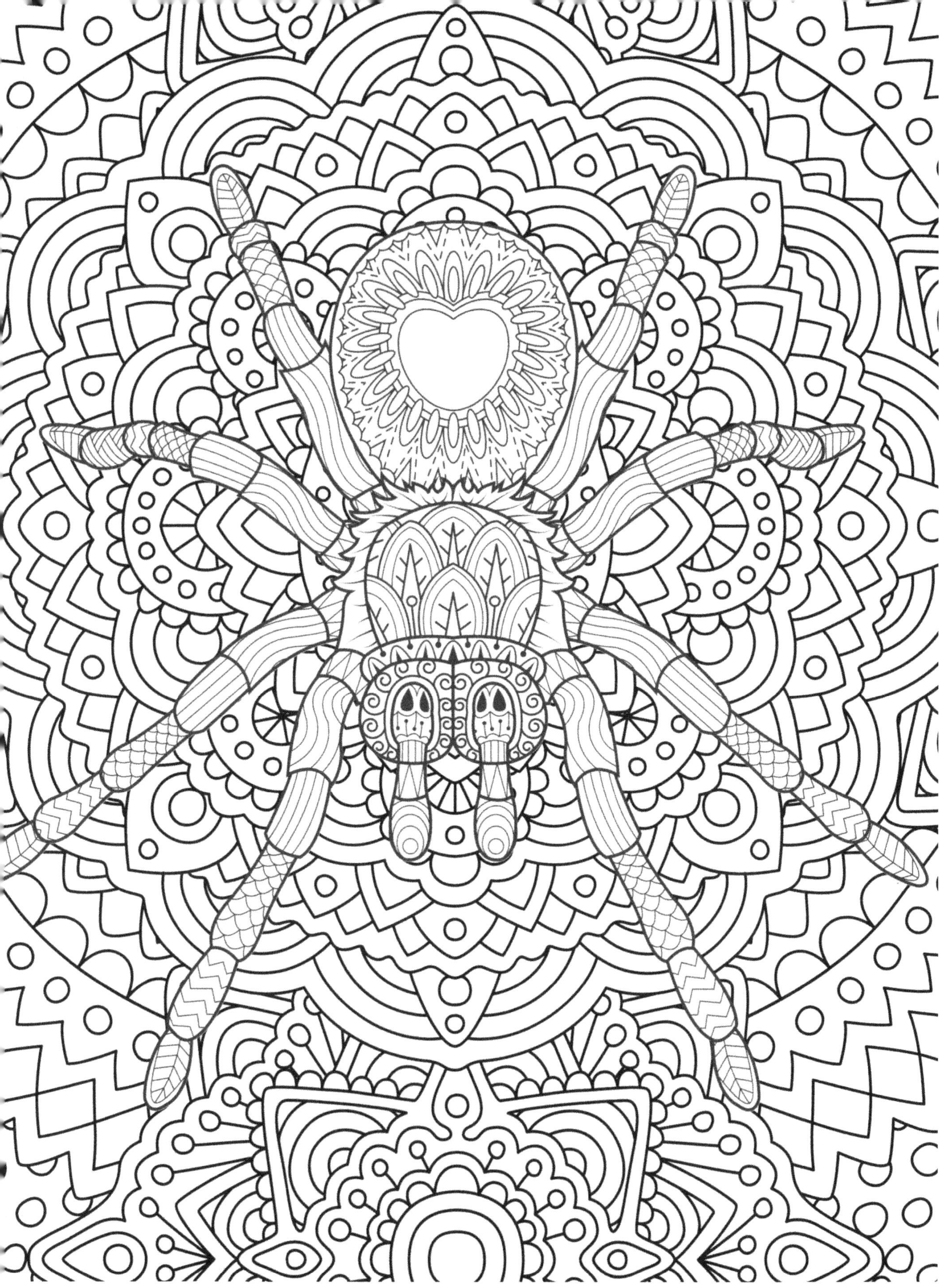

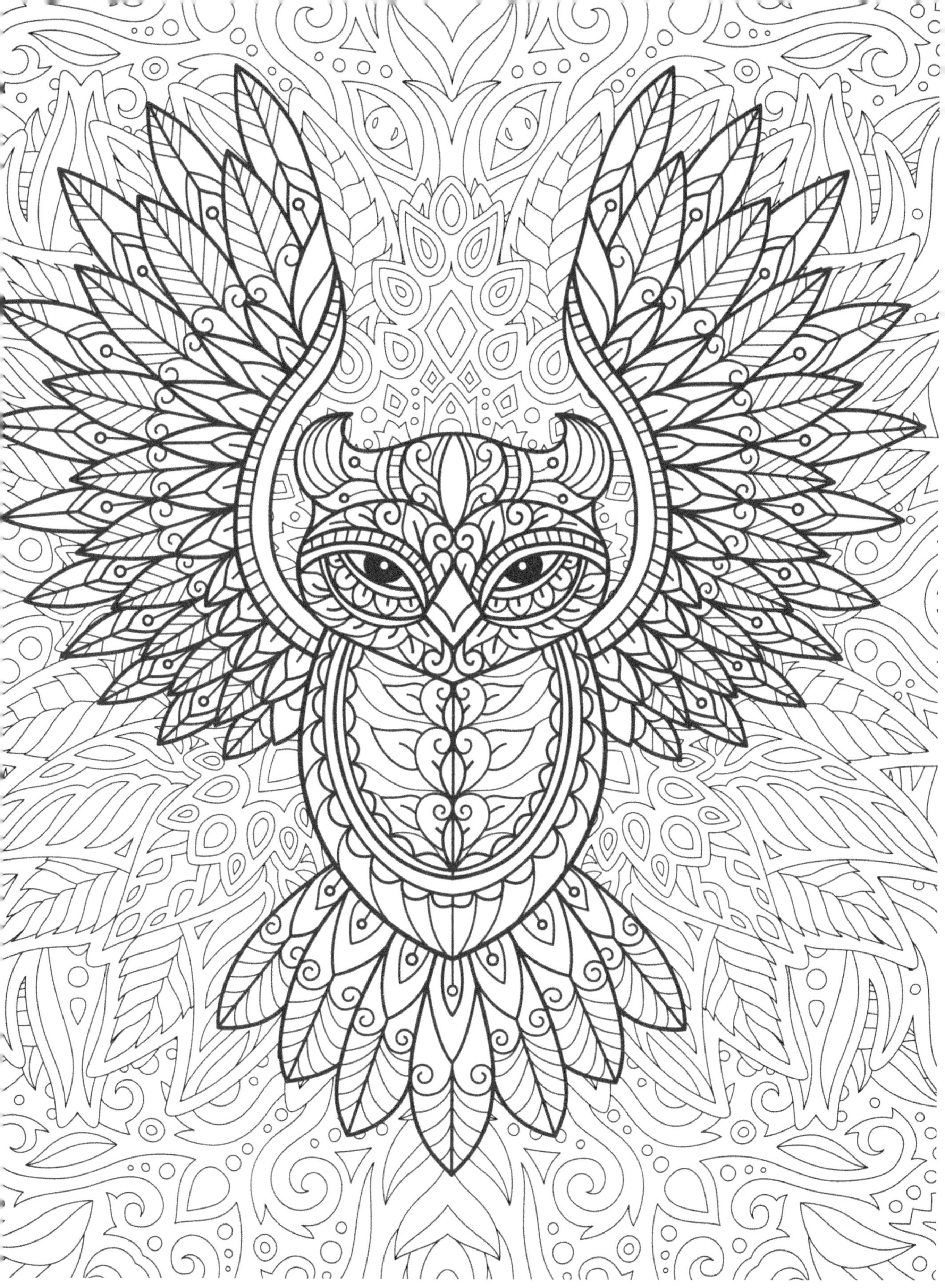

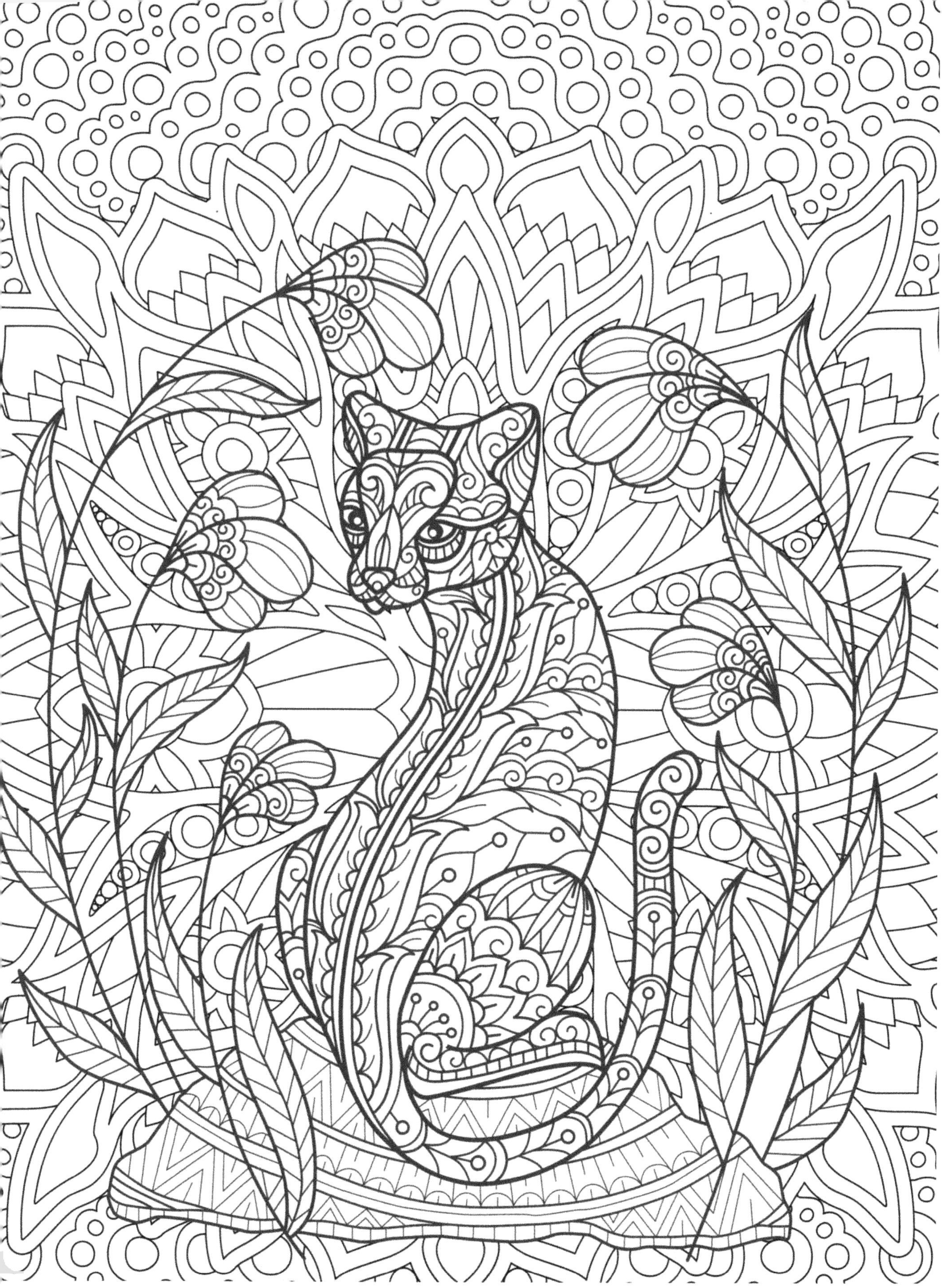

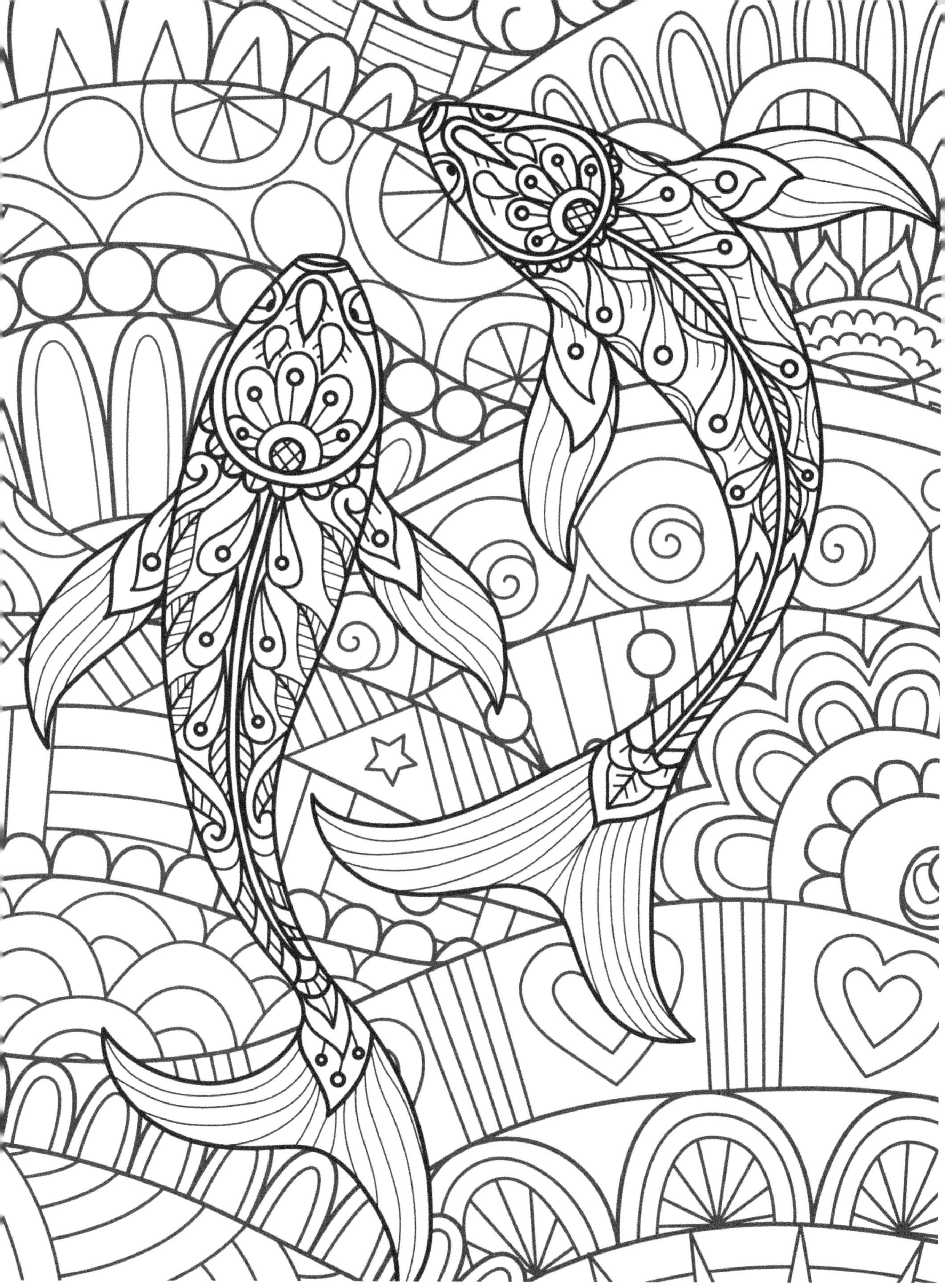

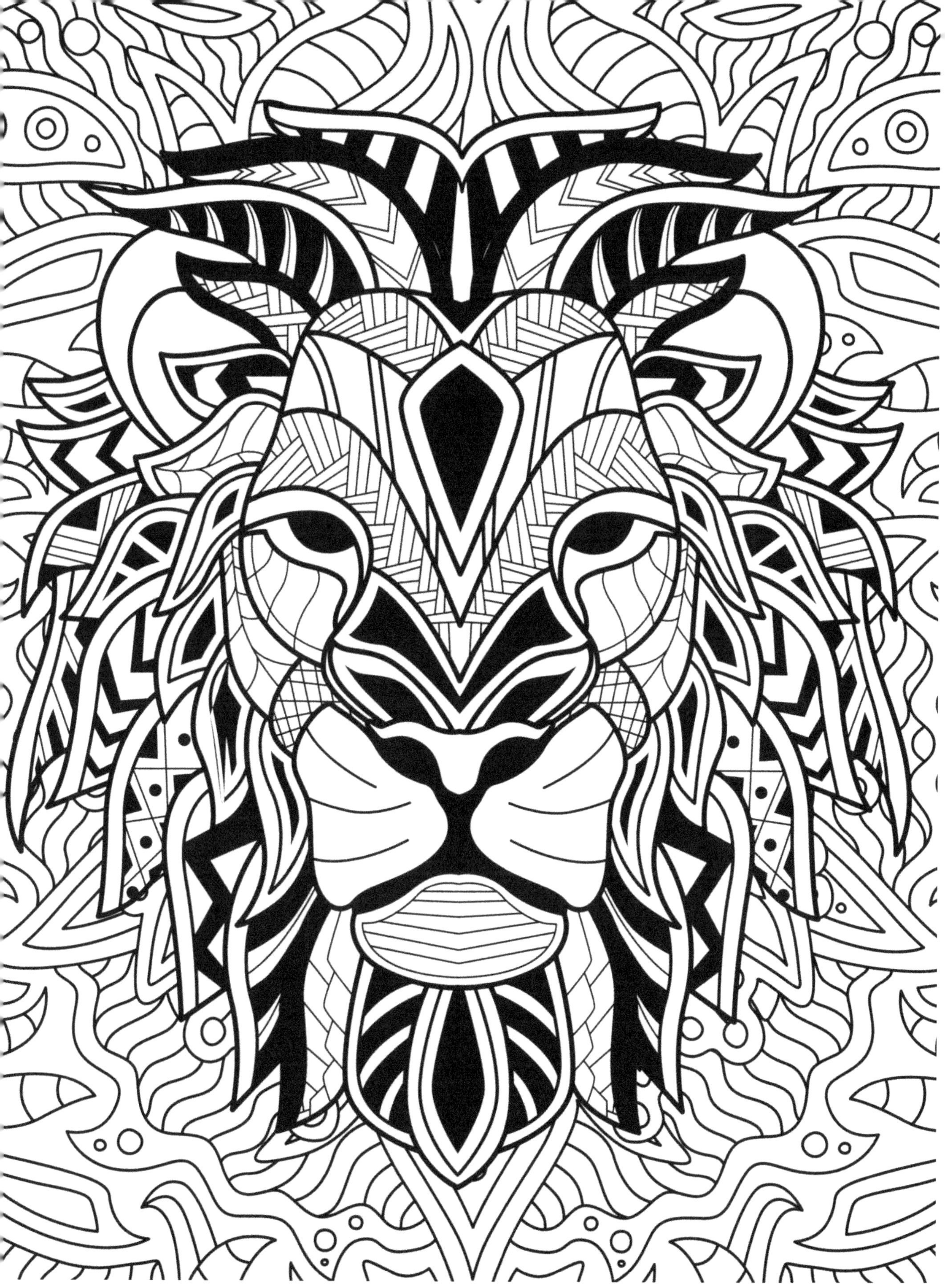

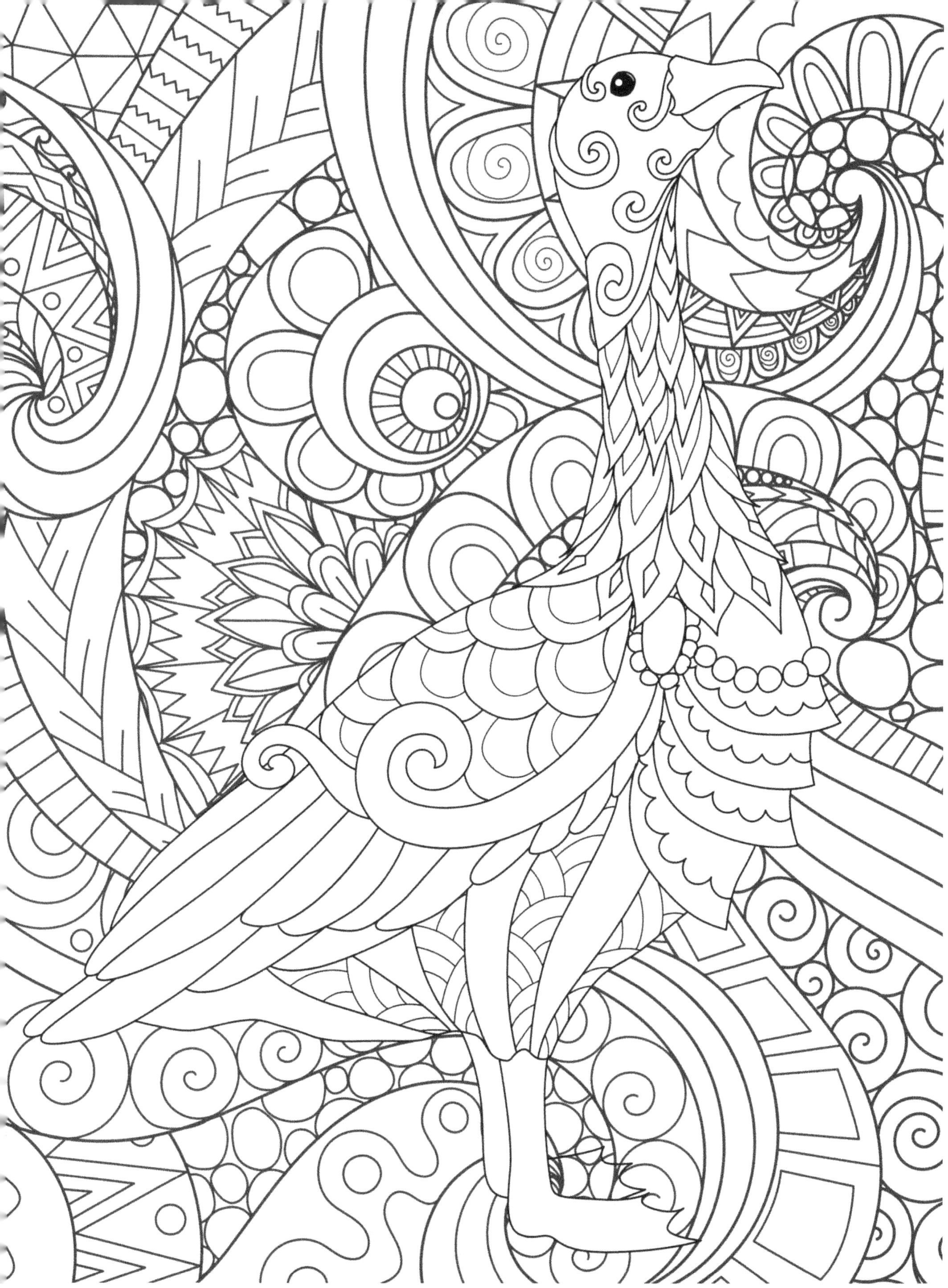

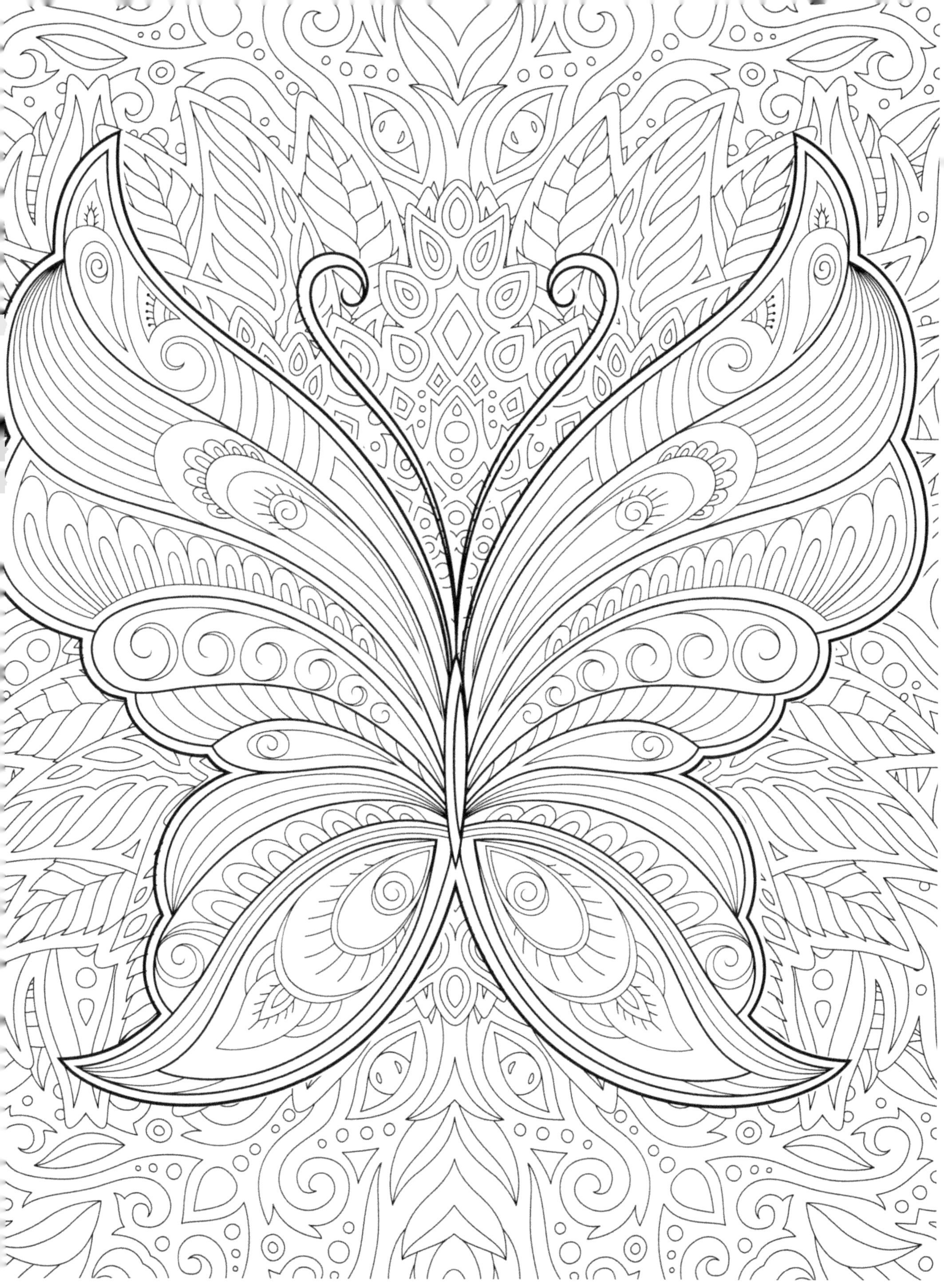

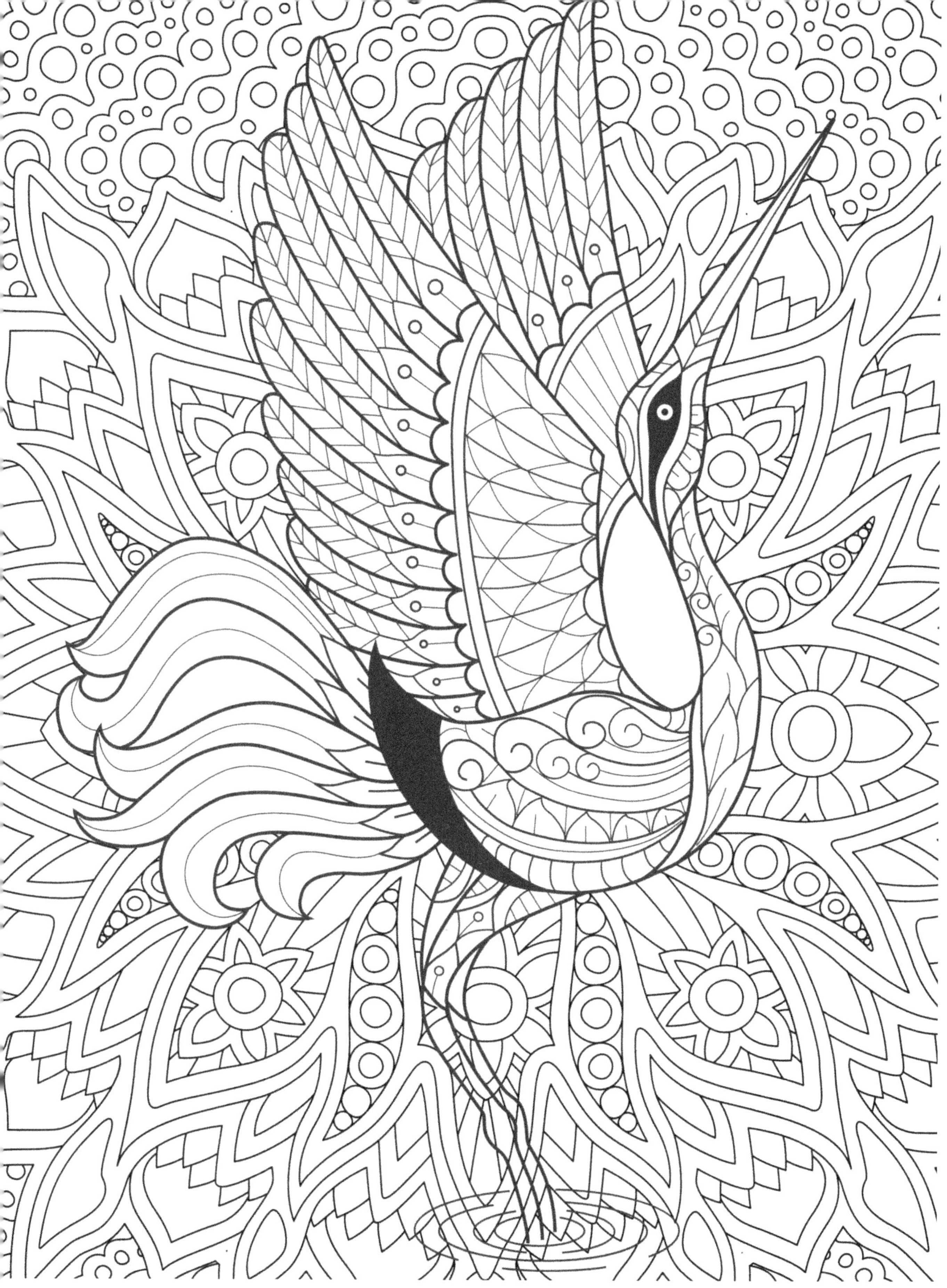

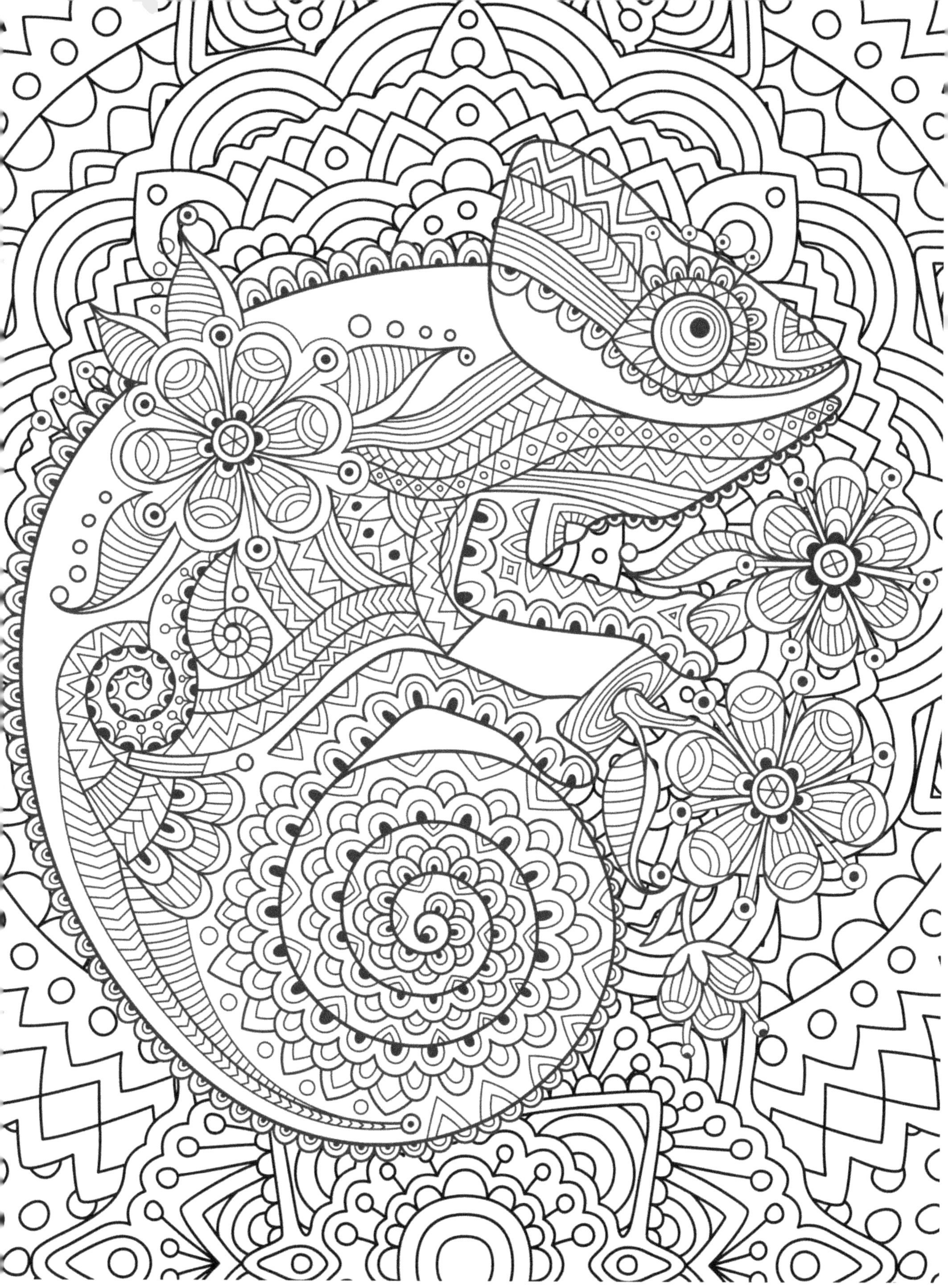

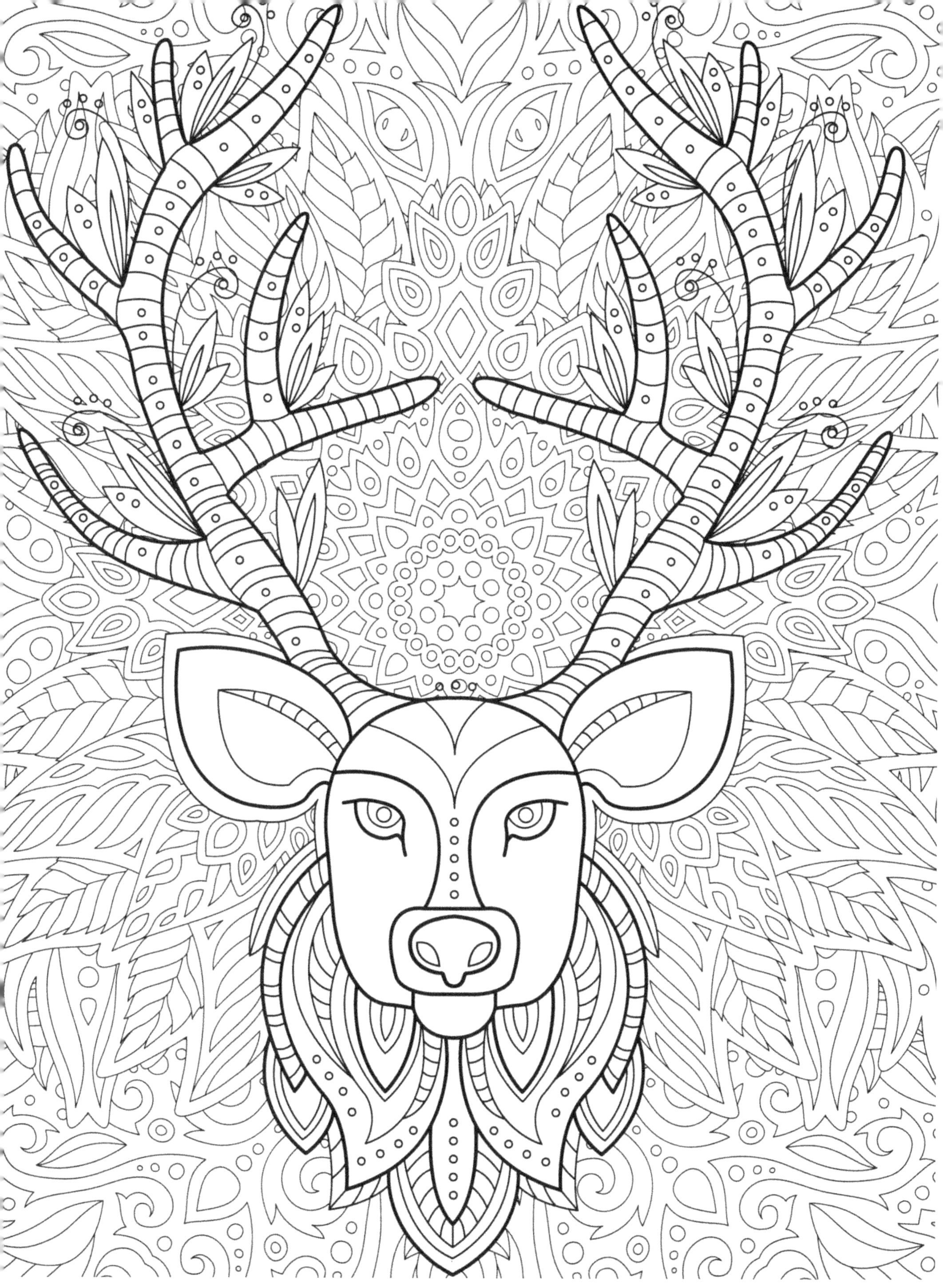

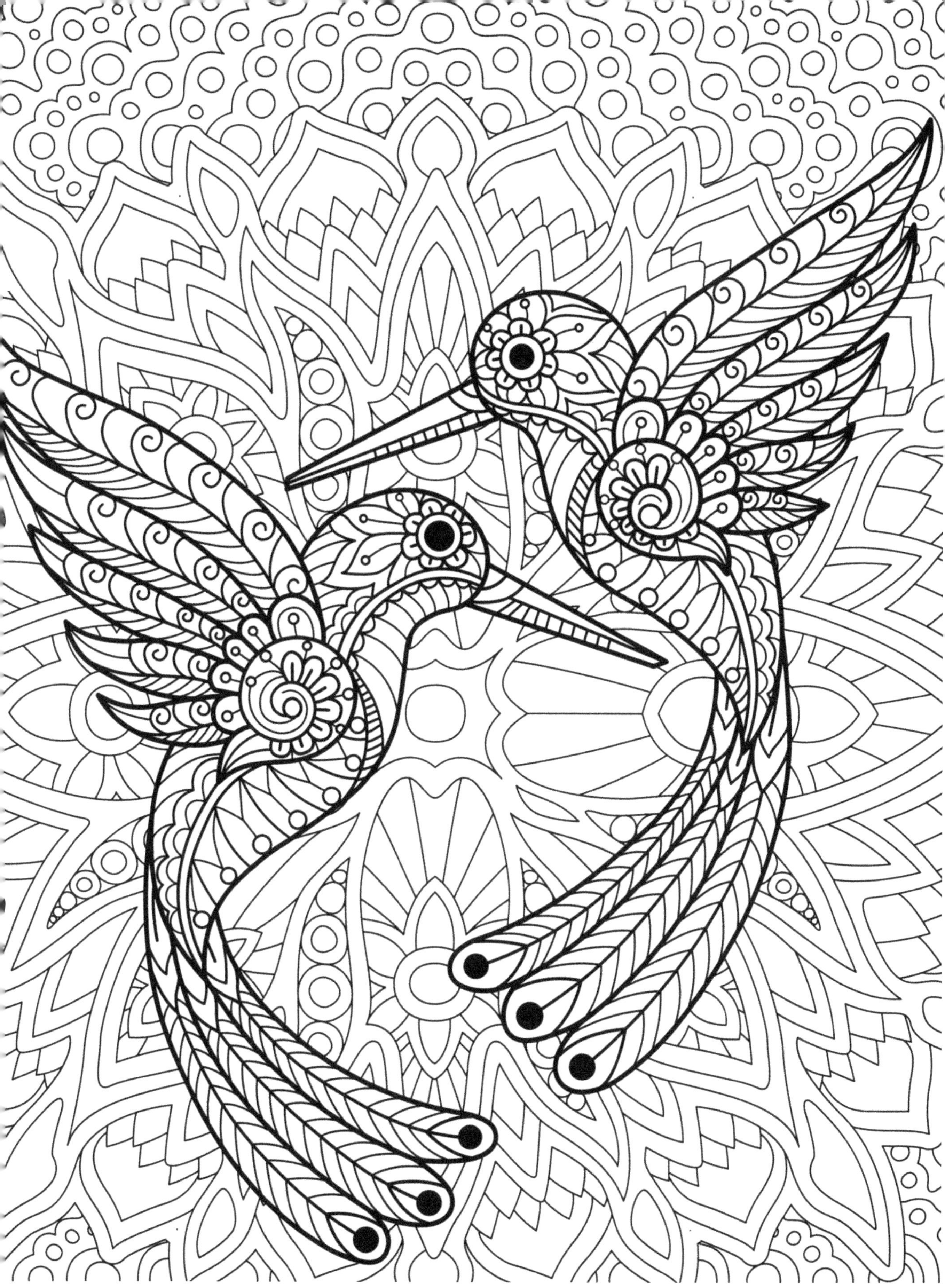

Herstellung und Verlag:
BoD – Books on Demand, Norderstedt
ISBN: 9783751970136